讲给孩子的

科学通识课

天文与地理

童 心／编著

U0299410

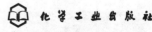
化学工业出版社

·北京·

图书在版编目（CIP）数据

讲给孩子的科学通识课. 天文与地理 / 童心编著. —北京：
化学工业出版社，2023.11

ISBN 978-7-122-44121-8

Ⅰ.①讲… Ⅱ.①童… Ⅲ.①科学知识–儿童读物②天文学–
儿童读物③地理学–儿童读物 Ⅳ.①Z228.1 ②P1-49③K90-49

中国国家版本馆CIP数据核字（2023）第173940号

责任编辑：史　懿　　　　　　　　　装帧设计：刘丽华
责任校对：杜杏然

出版发行：化学工业出版社（北京市东城区青年湖南街13号 邮政编码 100011）
印　　装：天津图文方嘉印刷有限公司
710mm×1000mm 1/16 印张10 字数150千字 2024年1月北京第1版第1次印刷

购书咨询：010-64518888　　　　　　售后服务：010-64518899
网　　址：http://www.cip.com.cn
凡购买本书，如有缺损质量问题，本社销售中心负责调换。

定　　价：49.80元

科学
早知道

　　抬头仰望，星空浩瀚无边；低头俯视，大地广阔雄壮。自古以来，璀璨的星空和广袤的大地就深深地吸引了人们的好奇心，激发人们的探索欲望。

　　为什么宇宙中的天体都是球形的？为什么彗星的尾巴总是背向太阳？火星为什么忽明忽暗？星星为什么会眨眼睛？月亮为什么跟着人走？地球上为什么有白天黑夜？火山为什么会爆发？海水为什么是咸咸的？在我们的生活中，常常有关于宇宙和地球的问题出现在脑海中！本书精选了最受孩子们关注、最应知道、最经典的200多个天文、地理问题进行解答。在天文部分，你可以拜访宇宙大家庭中的成员，了解各种各样的宇宙探索装备，如银河系、太阳系八大行星、卫星、小行星、彗星和天文望远镜……在地理部分，你可以遨游海洋、攀登高山，甚至还能深入地球内部进行探秘……

　　古人常用"上知天文，下知地理"来形容一个人的学识渊博。确实，如果熟知天文奥秘和地理知识，不仅能对自身所处的世界多一份深入的了解，也会让自己更富有知识和内涵。另外，本书以最新的科学进展为基础，用科学的思维方法去探究、解说神奇的自然现象，相信每一位读者都会从这本书中受益匪浅。

童心

2023 年 9 月

目录

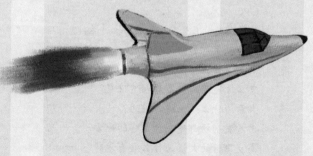

第 4 章 遨游太空 / 73

第5章 我们的地球家园 / 94

第6章 美丽的山川河流 / 133

宇宙有尽头吗?

以前，人们不了解地球，以为它无边无际，现在人们不但发现了地球的"真相"，而且还能把整个地球装在"眼中"。人们渐渐走出了地球，更加了解并进入了一个更广阔的世界——宇宙。

"宇"是空间，"宙"是时间，"宇宙"包括了各种物质以及物质所在的空间和它的运动时间，也就是说宇宙是万物。地球属于宇宙，太阳、星星、月亮属于宇宙，甚至你抬头看到或者看不到的所有一切都属于宇宙。那么，宇宙的尽头在哪里呢？这个问题还真把科学家难倒了，虽然大家都相信宇宙是有尽头的，但是尽头在哪里人们还没有找到。假如以地球为宇宙中心的话，现在人们看到了半径约140亿光年的球形宇宙，不过，对于浩瀚的宇宙来说，这也只能算是沧海一粟!

宇宙是怎样形成的？

　　小朋友们见过爆竹炸开的情景吗？当它"啪"的一声炸开后，爆竹壳儿、火药、填充爆竹的物质与烟雾一起向四周飞溅，那一团烟雾越来越大，直到看不到边儿。你们一定会想，为什么要讲爆竹炸开的情形呢？因为，科学家们说宇宙也是这样形成的呢，这就是1927年比利时数学家勒梅特提出的"大爆炸宇宙论"。

　　"大爆炸宇宙论"认为，在很久很久以前，宇宙还是一个大火球，有那么一天，它"砰"的一声炸开了，炸开的火球碎片像爆竹碎片那样向四面八方飞散出去，于是便形成了"宇宙"。这些碎片就是那些在宇宙中飘浮着的物质，比如我们看到的那些星星。而且，悄悄告诉你，我们居住的地球也可能是其中的一块碎片哟！

智慧大本营 ↑

　　宇宙如果不断膨胀的话，当然也会像爆竹炸开的烟雾一样消散，所以将来宇宙会越来越稀薄，最后消失在某处。不过不用担心，那会是很久很久以后的事啦！

宇宙有多大年纪了?

如果宇宙真的是在大爆炸中诞生的，那么根据科学家研究，那次爆炸发生在大约140亿年前，也就是说，从那时算起，宇宙现在已经大约140亿岁了哟!

后来，科学家们根据宇宙现在的体积大小、膨胀速度，以及宇宙中的物质运行状况，对爆炸的时间再一次进行了精确的推算。这种方法就像你看到爆竹爆炸的碎片以及烟雾范围大小，可以知道爆竹是刚刚炸开还是已经炸开很长时间了一样，只不过科学家对这个时间的推算更加精确。

最后，大家终于推算出宇宙的实际年龄为137.97亿岁，可是，不知道这对于宇宙来说，是处于童年还是青年呢?

宇宙中都有哪些天体?

宇宙像一个大家庭，主要成员就是天体。比如，太阳便是宇宙中一个普通的星球，它能发光发热。我们晚上看到的绝大多数星星也是像太阳一样能自己发光的星球，它们有一个统一的名字叫恒星。

而像我们居住的地球一样，不能自己发光发热，一般围绕在恒星周围的星球叫行星。由无数恒星和星际物质组成的天体系统叫星系。我们所在星系的名字叫银河系。除了恒星和行星外，还有一些"散户"，比如星云、黑洞、彗星等，它们也是宇宙村的村民。此外，宇宙中还有一些暗物质，它们是一个虽然看不到但确实存在的谜。

太阳

银河系

黑洞

彗星

智慧大本营 ♠

在宇宙中还有一些我们看不到的物质，称为暗物质。它和我们所观测到的物质形成对比。人们向宇宙发射一些光和电磁辐射，发现这些物质和其他物质之间有引力存在，这才知道宇宙中还有看不到但存在的物质。

太阳是球形的，月亮是球形的，地球也是球形的，而且宇宙中的大部分天体也都是球形的，这真是一个奇怪的现象，为什么宇宙中的天体大多是球形的呢？

球形是在体积相同的情况下，表面积最小的立体形状，这种形状可以更好地维持天体的表面和内部能量的平衡，减少能量损失。并且，当一个天体质量足够大的时候，其自身的引力会使表面持续向内部坍缩。当天体表面长时间受到较为均匀的引力影响时，外形自然会变得更加均匀，更加接近球形。当然这个球形也只是相对的，并不像我们生活中看到的球体那样标准。

然而也并不是所有的天体都是球形的，比如星云、彗星等，就有着很多不规则的形状。

太好玩了！到处都是大球！

太空中的星体为什么都在旋转？

小朋友们都知道，太空中的很多天体都是在不停旋转着的，行星们不停地绕着恒星公转，组成了星系。而无论是行星还是恒星，它们除了公转之外，还时时刻刻地自转着，是什么力量促成了这个不停旋转的宇宙呢？

这个问题还真是比较复杂，要从宇宙形成开始说起。当年宇宙爆炸后，碎片分崩开来，这些碎片就是现在的恒星和行星等天体的最初状态，而它们的旋转也是那个大爆炸的力量所致。这种旋转运动使得各种天体之间保持了一种相对平衡的力量，才不至于在引力影响下发生碰撞的事件，更会让自身很快形成一个保护层。太阳系中的行星也是这样，它们自转的能量与太阳之间达到了一种力的平衡，才得以绕着太阳旋转，不至于被抛到太阳系外。

太空为什么是黑的？

红的花、绿的草，整个世界都是五彩缤纷的。可是，为什么太空中有着那么多亮亮的星星，却还是黑漆漆的一片呢？

人们之所以能看到东西，看到眼前这个彩色的世界，是太阳光进入地球的大气层后，通过空气中的微尘进行散射，散射的光反射到我们的眼睛里，眼睛中负责看东西的小细胞就会受到光的刺激，通过一座叫作"视神经"的桥送到大脑中，这时我们就可以看到各种光了，同时大脑也会帮我们判断颜色。

但是，太空中却没有光的存在。你一定会问，不是有那么多发光的星星吗？的确，宇宙中有很多发光体，但太空却是真空的，没有散射光的微尘，再加上那些发光的星星距离太远了，这些光很难反射到我们的视网膜上，所以我们看不到光，在我们的眼里，太空就是一片漆黑的啦！

"黑洞"算是宇宙中的一个普通天体，但它也有不普通之处，那就是它具有极强的吸引力。之所以说它"黑"是因为它像一个无底洞，无论什么物质一旦掉进去，就再也不能逃出来。

因此，黑洞成了一个恐怖的代名词，它就像一个有魔力的张着大嘴的怪物。只要在它的"势力范围"之内，一切靠近它的物质，都会被巨大的引力吸引着，黑洞便一口把它们吞进去。

智慧大本营

黑洞可不是哪儿都有的，它有自己独特的领域。它不喜欢群居，而且其他的所有物质也不喜欢和它在一起。它巨大的引力会对周围的天体产生强烈的影响，改变这些天体的运行轨道。

宇宙中存在白洞吗？

黑洞，这个恐怖的大魔头让人听到就觉得害怕，于是科学家就在想：宇宙中有黑洞，是不是也有白洞呢？

根据探索发现，白洞在理论上是存在的，也就是正好与黑洞相反，能够放射出强光并不断地喷射出黑洞吸收进去的物质。用天文望远镜来看，它应该是一个能够发射强光的发光体，就像一个喷泉一样。

不过到现在为止，白洞仍是科学家们的猜想，并没有人真正观察到过白洞。有些科学研究认为"白洞"可能是"黑洞"的另一端，即"黑洞"像一个巨大的时空隧道一样，一头吞吃，另一头喷出，而喷出的那一头就是"白洞"。这个研究结论的确让人兴奋，但是仍没有得到证实，白洞至今还只是一个猜想而已。

光为什么不能从黑洞中逃脱?

　　黑洞的魔力十分大,就连光靠近它时,也会被它毫不留情地吞下,简直就是一个"太空魔王"!那么究竟是什么赋予了它这么大的魔力呢?下面我们就一起来研究一下黑洞吧!

　　黑洞虽然看上去是一个洞,但黑洞里面可是有物质的,而且物质的密度还很高呢。黑洞所有的物质集中在它的中心。这些物质会产生极大的引力,像磁铁一样。物质越多,质量越大,引力就会越大;这些物质越聚越多,引力也就会越来越大,最后形成一个封闭的空间,所以这些物质便有去无回啦!

　　哪怕是光线进入黑洞后也有去无回。当然,如果想跑出去的话,需要它的逃跑速度足以冲出引力束缚才可以。而光的速度虽然快,却不足以对抗黑洞的引力,所以光也不能逃出来呀!

智慧大本营

　　迄今为止,人类观测的最远的黑洞距地球大约132亿光年。这个黑洞形成于宇宙大爆炸初期,这有可能说明黑洞的形成不只是在恒星毁灭时。

银河系会和
其他星系发生碰撞吗？

星系之所以会相互碰撞，是因为星系在不停地运动。当然，我们所在的银河系也有可能与其他星系撞到一起哟。科学家目前的观测发现，仙女座星系正以每秒300千米的速度靠近银河系，也就是说在未来的某一天，银河系必然会与仙女座星系相撞。而相撞的时间，可能就在太阳能量耗尽的时候。

所以，大家不要担心！两个星系要撞到一起，怎么也得需要30亿~40亿年的时间，而且，它们两个融合在一起也要花上数十亿年呢，我们根本感觉不到！

不过，有战争必然就有牺牲，在碰撞中，一些恒星会被扔到新的星系外面，孤零零地找不到家。

智慧大本营

如果银河系果真和其他星系发生碰撞，那时候人类也许已经不在了，而那时的天空景象与我们现在看到的天空景象绝对不同，那条像白带子似的狭长的"天河"可能将会消失哟！

银河系到底长什么样子呢？

夏天的夜晚，仰望天空，你一定会看到那条美丽的银色带子横穿整个天空，它有一个美丽的名字，叫银河。不过，银河中可没有水哟，它是由无数的小星星组成的，科学家称它为银河系。

从太空中观察，银河系就像一个薄薄的圆盘，叫银盘；圆盘的中心隆起近似于球形，这部分叫核球；这里面的恒星高度密集，最中心的一个很小的致密区称银核；银盘外面是一个范围更大、近于圆盘状分布的系统，其中物质密度比银盘中低得多，叫作银晕；银晕外面还有银冕，一团团的像一个个小小的银河系。

小朋友，你知道吗？我们生活的地球也是银河系中的一颗小星星哟，与水星、土星、木星等行星一起快乐地生活在银河系中。

超新星是炸出来的吗？

超新星也是宇宙中天体的一种，而且大部分的超新星是灿烂而又悲壮的，那是因为它是恒星死亡的辉煌时刻。

一般情况下，一个恒星如果将要死亡时，它会先变为"红巨星"，然后再变为"白矮星"和"黑矮星"，最终不再发光发热，内部能量也会消失，最终死去。而有些恒星却不想那么平凡地离开，它们想用最辉煌的方式结束生命，于是它们发生大爆炸，释放出强大的能量，而爆炸之后便成为"超新星"，生于爆炸死于爆炸，这是一些恒星的选择。

所以，超新星的确是炸出来的，它是恒星最壮烈的生命瞬间！

你知道变星是什么吗？

人们一直以为恒星是永远不变的，可有些恒星却很调皮，有时很亮，有时很暗，有时又找不到了，于是人们称它们为"变星"，它们不断地变化着自己的身姿，让人捉摸不透。

现在我们已经发现2万多颗变星，最著名的类型是造父变星、新星等，前面所说的超新星其实也是变星家族的一员哟！

按照变星的起源和特征，现在科学家将它们分为了三大类，即食变星、脉冲星和爆发星。食变星很好欺负，它之所以会变，是因为它的光会时不时地被一直围绕在它身边的朋友遮住。比如一颗叫大陵五的星星就是最有代表性的一个食变星，人们称它为"闪烁之魔"。

其他的两类变星与食变星不一样，它们亮度的变化并不是因为被周围的天体遮住了，而是自身内部发生变化的结果。

又发现了一颗！

智慧大本营

有些恒星虽然亮度没有变化，但是由于人类发射的光波、电磁辐射等引起明暗变化，也被归入变星家族，比如光谱变星、磁变星、红外变星、X射线新星等。

脉冲星为什么忽明忽暗？

脉冲星又称波霎，是变星的一种。它之所以被称作脉冲星，是因为它可以周期性地发射脉冲信号，它的直径一般为20千米左右，自转速度极快。

有的恒星年老之后，会逐渐坍缩为中子星，而大部分的脉冲星都属于中子星。从前，人们以为不停"眨眼"的脉冲星是外星人发出的信号，还把第一颗脉冲星称为"小绿人一号"呢！

但是经过天文学家的研究发现，那只是快速自转的中子星，它也有自己的磁场，每自转一周，它的磁场就会画一个圆，而这个圆就有可能扫过地球1次。当然，只有高速旋转的中子星，才够得上脉冲星的变星角色哟！

脉冲星并不是或明或暗地闪光，它的光是从星体的两极发射出来的。当自转时，这道光束就像是救护车警灯的光一样，不时地扫过太空。

只有这道光束扫射到地球时，我们才可能通过某些望远镜看到它的真面目，这就是脉冲星看起来忽明忽暗的原因。

这种断断续续的发光方式就像人类的脉搏一样，所以在物理学上，人们把这种发光规律叫作脉冲，这就是脉冲星得名的原因。

让我也看看，地球上都有啥。

智慧大本营 ♠

脉冲信号是相对于直流信号来说的。比如你一直开着手电筒所发射的就是直流信号，而将手电筒有规律地一开一关就会形成脉冲信号。

什么是白矮星？

一颗恒星，它的一生会发生很多种变化，就像
人一样，恒星也有少年、青年、中年与老年。老年
时的恒星会逐渐衰亡，变得暗淡，这时它会发出白色
的光，我们管这个阶段的恒星叫"白矮星"。

白矮星

恒星在燃烧的时候会形成一个主要由氦元素构成的恒星
核，在发生新星爆炸以后，这个恒星核不会飞走。万有引力挤压着恒星核上的原
子，原子被压缩变小，当引力和电子运动产生的抵抗力处于平衡的时候，一颗白
矮星就诞生啦！

这样的白矮星自然体积会变小，但是你知道吗？它那闪闪的白光分明告诉我
们："我可不是简单的'老恒星'哟！"体积小小的白矮星质量
却大得惊人，自然它的密度和温度也是极高的，虽然发
出的光没有"年轻"的时候亮，但能量还真不小呢！

智慧大本营 ♠

元素，也就是化学元素，自然界中的一切物质都是由元素构成的。
简单地说，元素就好像搭积木时用的小积木一样，构成了各种物质。比
如水，就是由氢元素和氧元素构成的。

科幻片中外星人乘坐的飞碟

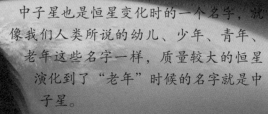

前文在说脉冲星时提到了中子星，所有的脉冲星都是中子星，但可不是所有的中子星都是脉冲星！

中子星也是恒星变化时的一个名字，就像我们人类所说的幼儿、少年、青年、老年这些名字一样，质量较大的恒星演化到了"老年"时候的名字就是中子星。

这种"老年"恒星，是恒星由于引力坍缩发生爆炸之后才形成的。简单地说，那些质量没有达到可以形成黑洞的恒星，在寿命终结时，就可以坍缩形成一种介于白矮星和黑洞的星体，这个星体就是中子星啦！

真的有和我们不一样的外星生物吗？

真的有外星人吗？人们一直在探索这个问题，并通过各种各样的方法寻找着外星生物，甚至想象出了各种各样的外星人形象，那么到底有没有外星生物呢？

这个问题从理论上来说是肯定的，虽然很多人说没有在别的星球上找到水、氧气等，但那只是人类生存的必要条件，也许外星生物并不需要这些东西呢！也有人问，为什么外星人没有来地球呢？那我们就要想一想啦，人类现在最远也没有走出太阳系呀！所以，外星生物可能是因为科技的发达程度还不能使其"四处访问"，也可能它们也不知道我们人类的存在，还有可能它们根本不能在有氧气的环境下生存呢！

总之，宇宙那么大，人类未必是孤单的，相信在某个星球上一定也有一些智慧的生物与我们一样快乐地生活着呢！

走，咱们去地球！

为什么恒星有不同的颜色？

恒星是宇宙中自身可以发光发热的天体。其中，我们最熟悉的太阳就是恒星，那些在地球上能看到的闪闪发光的星星大多数也都是恒星。

但是，小朋友们一定注意到了，太阳的光是白色的，而星星的光却有各种不同的颜色，这究竟是为什么呢？

世界上没有相同的两片树叶，恒星也一样，它们的颜色是由自身温度的高低而决定的。温度最高的恒星是蓝色的，然后是白色、黄色，温度最低的恒星则呈现出红色。同一颗恒星在不同的年龄阶段其温度也是不一样的，所以它的颜色也会发生变化。

据说，在几十亿年后，当太阳进入老年阶段，也会变成红色呢！

另外，值得注意的是，恒星的颜色跟它们的大小是没有关系的，不过在两颗同等温度的恒星之间，大一点的恒星看起来可能会更亮一些。

智慧大本营 ♠

据估计，银河系中的恒星有1500亿~2000亿颗，而在晴朗且无污染的地区，一般人用肉眼可以看到6000多颗，借助望远镜，则可以看到几十万乃至几百万颗以上。

恒星的颜色由自身温度决定。图为恒星的温度从高到低时的颜色变化。

"恒星"的意思是"永恒不变的星"，但是小朋友千万不要被这个老实的名字骗到哟。宇宙中的一切都是在运动的，恒星也在运动，并且在一直不停地高速运动着。

恒星的运动在天文学上叫作"自行"，它们的"自行"速度是超快的，比一般行星的运动速度快得多呢！但是，除太阳以外，那些恒星离我们太遥远了，从地球上看，就像是静止一样，如果真的要观察它的变化，那至少要经过上万年的时间，才会看到它们的明显变化哟！

有比行星还大的卫星吗？

围绕着恒星旋转的星体叫作"行星"，而那些围绕着行星旋转的星体就是"卫星"。比如月球就是地球的卫星。行星和卫星的关系就像是主人和仆人。在星星的世界里，一个仆人是不可以比自己的主人个头大的，这是由力学原理决定的。

那么，这家的仆人是不是可以比那家的主人个头大呢？这是可能的！比如，木星的卫星木卫三，它的体积比身为行星的水星大出不少。

彗星真的是"灾星"吗？

在古代只要彗星一出现，人们就会把它们与世界末日、天灾人祸等不吉利的事情联系起来，人们觉得它可能是上天对地球发出的信号。难道彗星真的是"灾星"，能给人们带来灾祸吗？

当然这只是迷信的说法而已，彗星因为那扫帚一样的长尾巴而被人们形象地称作"扫把星"。其实，彗星的尾巴是因为它的特殊结构而形成的。而彗星之所以隔上很多年才会来地球亮个相，则是由它独特的长椭圆形轨道造成的。有些时候，彗星运行到了地球的轨道附近，与地球打个招呼便匆匆地按着它的轨道继续运行了，所以我们才觉得它这么神秘。

天文学家认为，地球形成之初，频繁落到地球上的彗星还给地球带来了不少好处呢，甚至还有人认为，海洋中所有的水都是由彗星带来的，而且它们带来的硅酸盐使得地球上生成了大气层。所以说，彗星只是宇宙中的一种星体罢了，根本不是什么"灾星"呢！

智慧大本营 ✦

硅酸盐是一种物质的化学名称，它里面含有硅、氧与其他化学元素。在地球的地壳中含有很多这样的物质。

彗星的行踪虽然捉摸不定，但它也同样是宇宙大家族的成员之一。不过，彗星的结构比较特殊，与其他的天体不同，分为彗核、彗发和彗尾三个部分，所有的彗星都是有尾巴的。

我们看到的那条像扫帚一样长长的尾巴便是彗尾，它是由气体和尘埃组成的。天文学家认为，这条尾巴是从彗星上吹出来的，而且彗星的尾巴也各有各的不同。

但是，无论是什么样的尾巴，消耗的都是彗核中的物质，一旦彗核的物质消耗完了，它再接近太阳时，我们便看不到它长长的尾巴了。当然，到了那个时候，我们也就不能再称它为彗星了。

为什么彗星的尾巴总是背向太阳?

彗星还真有个性，从来都是端端正正地面对着太阳，把长长的尾巴拖到身后，它是怎样保持这种规范姿势的呢？

原来，当彗星靠近太阳的时候，太阳产生的太阳风就会让彗星的彗尾改变方向。想想看，当妈妈用吹风机吹头发的时候，头发是不是会背向吹风机的方向呢？所以彗星的尾巴总背向着太阳也就不奇怪了。

彗星会在太阳系中穿过，而且轨道也很奇怪，那么它会不会有一天撞向地球呢？

这个或许有可能，但是我们完全没有必要担心，因为彗星撞地球的概率是非常低的，大概只有几亿分之一的可能性，如果真的撞上了，那我们的地球可就中大奖啦。而且，如果真的有彗星可能撞到地球，聪明的人类也是可以提前发现的。比如1910年前来"访问"的哈雷彗星，人类提前几十年就已经知道了。所以，我们也就完全不需要担心这回事喽！

彗星为什么会自焚？

其实，彗星是很悲哀的，它的运行轨道大部分都离太阳很远，一生绝大部分时间都生活在又黑又冷的太空中，只有跟太阳接近或者告别时，它才会迅速地长出彗发和彗尾，让太阳看到它短暂的美丽。

其实，很多人说彗星会自焚，其实那是错误的。彗星并不会自焚，它是被太阳点燃的。一些彗星想要与太阳更近一点，结果火热的太阳太热情了，把可怜的彗星点燃了。

科学家统计，大部分掠日的彗星自身都会达到100万~200万摄氏度的高温，它们从日冕中穿行时，在太阳的巨大引力潮的影响下，便会熔化、瓦解或者分裂；甚至有的彗星还会因为与太阳的距离过近而被太阳一把搂进怀抱中，葬身火海呢！

流星雨是怎样形成的？

在宇宙中有些小不点儿石块，有时会不小心进入大气层。这些小石块进入大气层之后可就惨啦，它们与大气相互摩擦，就会把自己点燃。这时，人们便会看到一道火光划破夜空，这就是流星。

这些小不点儿的石块一部分来自宇宙尘埃和小的固体块，还有一些来自那个长尾巴的彗星。当彗星接近太阳的时候，太阳的能量让彗星身上松散的物质碎掉，留在它运行的轨道里。如果这些气体和尘埃颗粒正好处在地球的轨道上的话，那么当地球运行到那里，它们就被带进大气层，最后形成了流星。

当地球的轨道中出现大量这些物质的时候，便会形成尤数的小流星，这便是流星雨。单个流星我们没有办法预料，但我们通过观测可以预计地球什么时候会运行到这样的区域，自然也会计算出流星雨的时间啦！

啊哈！这雨下得太玄乎啦！

你快下来，让我上去看看！

智慧大本营 ⬆

天空中还会出现火流星，它与普通的流星不同，它们的质量比较大，在天空中燃烧不完全就进入了低层稠密的大气层中，这样，它的光芒更耀眼，而且有时候还会爆炸，发出震耳欲聋的声音。

为什么要开发宇宙资源？

随着科技的发展，地球上的资源越来越少，人们便把眼光看向了宇宙，开发宇宙资源成为最重要的研究课题。

浩瀚无边的宇宙中蕴含无尽的资源，如月球上有着丰富的锰矿、铁矿等，一些小行星上更是有着无穷的金、银、铜等贵重金属元素！

目前，距地球最近、人们最有可能获得的宇宙资源是月球资源。我国对月球的探测工程已开展多年，并采集了月壤样品。也许在不久的将来，我们生活中的很多东西都会是"天外来客"呢！

锰、铁

金

银

铜

智慧大冲浪

小行星是太阳系内类似行星环绕太阳运动，但是体积质量比行星小得多的天体。到现在为止人们已经在太阳系中发现了约70万颗小行星，但是这也只能算是它们众兄弟姐妹中极小的一部分。

天上的星星可真多呀！

星座是怎样形成的？

在古代的时候人们就开始把一些邻近的星星联起来，想象成各种各样的图案，这就形成了最原始的星座，它们出现在三四千年前的古巴比伦。

现在人们为了认星方法的统一，在古代人们划分的星座的基础上，又对星星进行整理、组合，在1928年，国际天文学会确定了88个国际上通用的星座，这些星座都采用神话传说中的人或动物来称呼，所以有许多星座的名称与动物有关。

星星可以数得清吗?

夜晚我们仰起头，看到像黑幕布似的天空中，无数的小眼睛眨呀眨！这些调皮可爱的小星星给我们带来了无数的遐想，也让我们从它们一眨一眨的眼睛中看到了神秘。那么，小朋友们，你们数过星星吗？天上有多少眨着眼的小眼睛呢？

其实，我们能用肉眼看到的星星总共也不超过7000颗。由于人们站在地球上，抬头只能看见半个天空，所以通常看到的星星也只有3000多颗。

如果观望整个宇宙中的星星，那就太多了，没有人知道到底有多少颗，因为我们还不知道宇宙到底有多大呢！

智慧大山谷

中国古代天文学家把能看到的星星分成了二十八组，每一组都取了一个名字，称为"二十八星宿"，东西南北各有七个星宿。传说天帝派青龙、朱雀、白虎、玄武四大神兽守护人间，它们死后，人们用四兽的血来祭祀天神，这时天象大变，四兽的灵气托在二十八个人的身上，这些人就是传说中的星宿官！

为什么星星爱眨眼？

"一闪一闪亮晶晶，满天都是小星星。挂在天上放光明，好像千万小眼睛。"天上那些亮晶晶的星星不是会自己发光的"石头"吗？恒星自己发光发热很正常，可是为什么它还会调皮地眨眼睛呢？

那可要谢谢地球上大气层的神奇作用哦。大气不是静止不动的，热空气上升，冷空气下降，这样就会形成吹来吹去的风。我们要看到星星就要经过大气层，大气层浮动，星星的光在穿过时就会产生不同的折射。这些折射，有时候聚在一起，有时候分散开来，使我们看到的星星也忽隐忽现，就像是无数眨来眨去的小眼睛喽！

天上的星星为什么有的亮有的暗？

如果你细心观察的话，一定可以发现，星星的亮度是不一样的哟！它们有的十分明亮，有的却看起来很暗；有的星星大，有的星星小，这都是为什么呢？

我们会看到这种现象是因为每个星星的发光能力是不同的，有强有弱，有的星星使劲儿发亮也赶不上别人，我们只能看到暗暗的它喽！当然，我们看到的星星的亮度、大小和它们与地球之间的距离也是有关系的。那些距离近、发光能力强的星星看上去很亮、很大，而那些距离远的星星，就算它再大、发光能力再强，看起来也会显得很小，也比较暗！

在白天为什么看不到星星？

每个小朋友都知道，恒星每时每刻都在发光，但是为什么只有晚上才可以看到星星，白天星星都哪儿去啦，为什么看不见了呢？

这是因为白天太阳光被地球的大气层所散射，把天空映照得十分亮，所以在太阳光的掩盖下，小星星就看不见啦！

当然，如果没有大气，只有阳光也不足以让小星星藏起来。那是因为如果没了大气层，天空就会变得黑洞洞的，没有了大气为太阳光线做散射，阳光就不会照亮整个天空。所以即便阳光再亮，如果没有大气也能见到星星。由此看来，小星星并没有偷懒，而是阳光和大气层为我们变了一个魔术哟！

为什么在夏天晚上看到的星星比在冬天的多？

人们都说，夏天的夜晚是赏星赏月的最佳时间，夏夜的天空比冬夜的天空看上去更加美丽，星星也比冬天的夜晚多一些。按理说星星是一直在天上不会变的，可是，为什么会出现这种变化呢？

夜晚，天空中出现的星星基本上都是银河系范围内的恒星，靠近银河系中心的银河带，是星星密集区；靠近银河系边缘的星星要少一些。我们的太阳系处于距银河系中心2.4万~2.7万光年的地方，这说明，我们大约是在银河系的边缘地带。

夏天，地球正好处在太阳与银河系中心之间，晚上正好看到银河系的星星密集区；冬天，地球转到太阳与银河系边缘部分之间，晚上所看到的是银河系边缘部分数目较少的恒星。所以，夏天晚上看到的星星就比冬天晚上多一些了。

北斗七星会永远在一起吗?

天空中有一个漂亮的"玉勺子",它始终围着明亮的北极星旋转,人们管它叫北斗七星,属于大熊星座的一部分。它分别由天枢、天璇、天玑、天权、玉衡、开阳、摇光七颗星星组成,除天权为相对暗一点的三等星外,其他的六颗都是明亮的二等星。

但是,不要以为这北斗七星会永远在一起哟!它们不像我们画的图画一样,是在一个平面上的,它们之间并没有任何关系,甚至距离也远得很呢!小朋友们都知道,恒星也是在时刻运动着的,因为这些运动,也许千百万年后天空中就不会再有北斗七星组成的"玉勺子"了。也就是说,古人眼中的星空与我们看到的不一样,我们的星空当然也不会出现在未来人的眼中啦!

摇光 开阳 玉衡 天权 天枢 天玑 天璇

北极星会不会被罢免?

现在我们所说的北极星为小熊星座的一颗普通二等星,也是小熊星座中最亮的恒星,它距离我们300多光年,处于小熊的尾巴尖上。如果我们在野外迷路,只要在天空找到北极星,就找到了北方。

地球以南北两极为轴每时每刻进行着自转,而地球自转轴的北极正好指向北极星的方向,所以就可以判断它所在的方向正好为地球的北极方向,因此便找到了北方。

当然,北极星在天空的位置也是有变动的,那是因为地球的自转轴会有周期性的缓慢摆动。大约4800年前,地轴所指的北极星并不是现在小熊座亮星,而是天龙座亮星,所以,北极星的宝座也极有可能轮流坐哟!

智慧大本营 ◆

如果在野外迷路,有北极星的方向便是北方,这时面向北方,后面是南,左面是西,右面是东。如果你现在站在北极点上,那么北极星就会在你的头顶,这样你的四面八方都是南方啦!

为什么牛郎星和织女星永远无法相会？

中国有着很多关于星空的美丽神话传说，小朋友们都知道，在银河两边有牛郎、织女两颗星，每年农历七月初七，他们会通过鹊桥渡河相会。其实，那只是人们的美好愿望，牛郎和织女这两颗星星是永远也不可能在一起的。

牛郎星和织女星都是可以自己发光发热的恒星，它们之间的距离大约为16光年，也就是说，我们手电筒的光如果可以传播很远，那么在牛郎星上打开手电筒，16年之后手电筒的光才会到达织女星。

再说，牛郎星的表面温度达到8000摄氏度，而织女星的温度更高，可以达到11000摄氏度。而且，织女星的直径是太阳的3倍，牛郎星为太阳的1.6倍，这么大的两颗星，当然不会脱离自己的轨道碰到一起。因此，牛郎织女鹊桥相会根本就是不可能的事！

天文学家为什么要通过望远镜来看星星？

神话传说中有一个名为"千里眼"的神话人物，他可以看到千里之外的世界，时刻观察着人间。当然这只是神话，没有谁的眼睛能看到千里之外。但是，如果借助天文望远镜就不一样啦，它能带我们遨游太空呢！

天文望远镜又被称为"千里镜"，实际上它可以看到的距离可远远不止1000里（500千米）。它能把远处的东西放大，然后通过光线把物体长什么样子传送到我们的眼睛中。所以，天文学家可以通过望远镜来观察星星。

智慧大本营 ↑

望远镜有物镜和目镜两部分，物镜聚光，然后经过目镜放大。天文望远镜的工作原理也是这样，只不过口径更大，以便汇聚更多光线；镜筒更长，以便提高倍率，让人们更加清晰地观察太空。

但是，因为天文望远镜是将远处的物体通过光线传播的，所以它只可以看到亮的东西，比如遥远太空中的恒星。至于那些行星，或者暗的天体，是很难观察到的。

为什么南北半球看到的星座不同？

天空就像一口大锅一样扣在我们头顶上，我们形象地叫它"天球"，这个天球上不仅有太阳、月亮，还有许多星星组成的美丽星座。

地球的自转轴是有一定的倾斜角度的，那么从理论上说，你站在赤道上，便可以看到天球所有的星座；如果向南走1纬度，那么北半球的星空就会向北隐藏一部分，跑到地平线以下，这样推算下来，站在南极点时，北半球所有的星座必定都看不见了。当然，向北也是同样的道理。所以，在南北半球看到的星座是不同的。

如果你在北京，那么天球上南半球一半的星座就会在地平线下。同理，你向北每移动一步，天球南部的星空便会被地平线遮住一点儿。这就是在南北半球会看到完全不同的星空的原因。

织女星

牛郎星

鹊桥

天鹅座

当然不是啦，天上的星星那么多，我们人类所能看到的也只是那么少的一部分，怎么可能都有自己的名字呢！不过，如果非要给每个星星命名的话，那么还真有一些命名的办法呢！

比如，我们把肉眼可以看到的星星分为两大类——行星和恒星。行星不会发光，按常理来说是看不到的，但金星、火星、木星和土星除外，因为它们像月亮一样反射太阳光，所以我们可以看见这四颗星。除此之外，我们所能见到的星星基本都是恒星。

恒星的命名方法可以说是五花八门，不同的国家命名的方法也不同。国际上比较通用的方法是根据所在星座的位置，把恒星按照亮度来排序，使用希腊字母来依次命名，字母用完后再用阿拉伯数字依次命名，如大犬座α。

中国是采用直接起名的方法，特别是独特的亮星，会给它们起一个具有中国特色的美丽名字，如织女星、牛郎星等。

为什么银河系的中间有一条缝？

夜晚仰望星空，会发现"天河"中间有一条缝，难道是"天河"中的小岛吗？不是的。

我们看到的"天河"实际上是银河系中的恒星或者其他反光的微尘。但是，在天河的中间"小岛"的位置上，布满了一些还没有定型的恒星气体和宇宙尘埃，这些物质不但不会发光，也不会反射其他天体的光，而且它们聚在那里，将远处的恒星的光都给挡住了，所以我们连那里的恒星都看不到，只能看到黑乎乎的一片啦！

27

星星也会"新陈代谢"吗？

宇宙中有无数颗星星，它们以星系的形式聚在一起。比如仙女星系，从彩色图片上看时，会发现它圆盘的地方为蓝色，这些大多是一些发蓝色或者白色光的亮星，而靠近中心的部分为黄色，这是一些发黄色光或者红色光的亮星。

小朋友们已经知道，发蓝光的星星是年轻的，而黄、红色光代表这个星星已经老啦！这样，我们知道了，仙女星系中心的部分为老年的恒星，它们的生命就要结束啦，而其他部分还不断地诞生着新的恒星。新陈代谢的规律在宇宙中也适用哦！

什么是宇宙历？

日历指的是以太阳与地球之间的变化规律而制定的历法，同样的，宇宙历也就是依宇宙的变化而制定的历法。

宇宙在一次宇宙原始物质爆炸中诞生，自此以后，宇宙在发展过程中出现了许多大事，其中当然包括地球出现生命以及生物的进化。为了更好地把这些发展记录下来，便产生了宇宙历。

宇宙历的一天相当于近4000万个地球年，宇宙历的一年也就相当于近140亿个地球年，这样宇宙中的大事就记录下来啦。比如，1月1日零时，宇宙在爆炸中诞生；银河系于5月1日形成；太阳系在9月9日产生；地球是9月14日形成的；人类出现是在12月30日晚上10时30分等。

宇宙历就是这样记录宇宙中各个事件的发展和变化的。

太阳系中为什么只有地球存在生命？

人们一直在努力寻找地球以外的生命，但太阳系却没有好消息。因为据科学家观测，太阳系除地球外的其他行星上，并没有适合生命居住的条件。

地球位于太阳系中的位置很巧妙，在八大行星中，它正好处于距离太阳不近不远的地方，这就为生命的诞生创造了条件。

原始的地球经过上亿年的冷却，大气中的水汽以暴雨的形式降至地表形成原始海洋，再经过雷电、高温等过程使大气中的元素形成有机分子。这些物质在海洋中不断演化，最终生成了原始的蛋白质，从而诞生了最初的水生生物。继而，一些植物、动物等陆续生成。地球上不热不冷的气候条件，充足的水分以及厚厚的大气层，也为之后生物的进化提供了条件。太阳系中其他星球的环境和地球的差异都非常大，所以太阳系中只有地球有生命的存在也就不足为怪了。

谁是太阳系中最大的行星？

太阳系中的行星们日夜不停地绕着太阳公转，其中块头最大的要数木星了，它的体积足足比地球大1300多倍。它的质量也是最大的，是其他七颗行星质量总和的2.5倍，是地球的318倍，可以称得上是八大行星中的巨人！

和其他的巨大行星一样，木星表面不是固态的，它是一个气态行星。如果用天文望远镜观察的话，木星就像是被一条条绚丽的彩带围绕着一样，十分壮观呢！

木星

太阳系九大行星为何变成了八大行星？

前些年，人们一直在说太阳系中有九大行星，分别是水星、金星、地球、火星、木星、土星、天王星、海王星和冥王星。但是，2006年8月24日，世界各国的天文学家竟然把自发现起70多年一直排在末位的冥王星给开除啦，从此，它只能加入与它差不多大小的"矮行星"家族中。

天文学家们为行星做了新的定义，他们认为"行星"就是围绕太阳运转，自身呈圆球状，并且能够清除其轨道附近其他物体的天体。按照新的定义，不能清除轨道附近其他天体的行星，被称为"矮行星"。而冥王星不符合成为行星的条件，只能归入矮行星的行列了。

冥王星

水星上面到底有没有水？

水星，名字中就带水，是不是意味着水星上有大量的水呢？

水星的表面是一个由硅酸盐构成的外壳，分解后会形成氧气，那么如果有氢元素的话，水自然便可以形成啦！但是，水星是离太阳很近的行星，它所受的光照是地球赤道的6倍以上，而且水星上的大气层非常稀薄，太阳光的热力可以很快到达，再加上它长达2112小时的白天，即使水星表面有水估计也早已经被烤没了。

但水星上还真的可能有水呢，不过这水不是液态的，而是固态，也就是冰！1991年，天文学家发现水星的北极有一个小亮点儿，于是推测那可能是冰。

水星离太阳那么近、温度那么高，上面怎么还会有冰呢？这是因为水星的轨道比较特殊，虽然日照时间长，但在它的北极，太阳始终只在地平线上徘徊。因此，在水星北极附近的一些环形的陨石坑底，是永远见不到阳光的。那里的温度会降到很低，那里的水自然也就变成一个冰坨了。

水星

智慧大本营 ↑

水星也像地球一样被一层大气包着，但是因为水星离太阳最近，受太阳辐射烘烤曝晒最强，所以水星只有很稀薄的大气，主要是氧、气化的钠和氢。

再见
冥王星兄弟！

什么是 "水星凌日"？

水星和地球都在绕着太阳旋转，水星离太阳最近，如果把太阳的位置看作圆心的话，那么水星就在地球的 "内圈"。当水星运行到太阳和地球之间时，我们就可以看到在太阳表面有一个小黑点慢慢穿过，这种天象就是 "水星凌日"。

这种凌日现象不只水星会有，金星也会存在，被称为 "金星凌日"。不过，这个小黑点用肉眼是无法看到的，至少要借助10倍以上的望远镜才可以清楚地看到水星的圆形轮廓。

千万要注意的是，在观看水星凌日的时候，绝对不能使用普通的望远镜或是照相机，而要戴上合适的滤光镜，同时观测时间也不能过长，以免被强烈的阳光灼伤眼睛。

水星上有季节变化吗？

水星绕太阳跑的速度很快，它的自转周期大约相当于地球上的58.6天，是它公转周期的2/3。这样，地球自转一周是一昼夜，水星自转三周才是一昼夜，因此水星一昼夜的时间相当于地球上的176天！

因为水星的轨道比较特殊，它在近日点时总以同一经度朝着太阳，在远日点时却以相差90°的经度朝着太阳，所以水星也会随着所处轨道位置的变化而出现 "季节" 变化，但是却和我们地球上的四季截然不同，它的四季变化基本是在一昼夜之内完成的。

在水星上还有一个奇妙的现象。由于水星的轨道是椭圆形的，所以当它在近日点时看到的太阳大，在远日点时看到的太阳小，也就是说在水星上可以看到两种大小不一的太阳呢！

金星为什么那么明亮？

在中国古代，人们称金星为"太白"或"太白金星"。日出或日落时，处在与太阳相反的方向那颗最亮的星就是金星。

金星是与地球并列的太阳系八大行星之一，它并不会自己发光发热，是靠着反射的太阳光才能被人们看见。金星看起来比其他星星亮得多，

这是什么原因呢？

首先，地球与金星之间的距离比地球与任何一颗恒星之间的距离要近得多，所以看起来比恒星（除了太阳）亮。其次，金星反射太阳光的能力比其他行星强，所以看起来也比太阳系中的其他行星更亮。金星的表面始终覆盖着一层厚厚的白云，云的反射能力要远远大于岩石，这就是金星反光能力更强的原因。所以有时，我们甚至在白天也能看到金星。

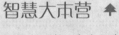

智慧大本营

金星表面上有很多山峰，而且还有些已经凝固的熔岩，这说明在金星上可能还有活动火山。它上面的高原主要是玄武岩，含有大量的镁和钾，而且硫的含量也是地球上的几倍，矿产资源很丰富。

> 这是金星。告诉你，金星上的夜空可没有"月亮"，它最亮的"星星"就是地球。

> 太白金星爷爷，你手上拿的是什么呀？

太阳为什么在金星上西升东落?

我们用"太阳从西边出来了"来形容不可能的事情发生了,这是因为太阳在地球上,总是东升西落的。在八大行星中,大部分的行星与地球一样,都是自西向东自转,因此对大部分行星来说,太阳都是东升西落的,不可能从西边出来。

但是,在金星上就会发生太阳从西边出来的情况,那是因为金星与其他行星相反,它的自转方向是自东向西的。

智慧大本营

金星黎明前出现在东方,黄昏时出现在西方。可惜古时候人们不知道这是同一颗星,于是给金星起了"启明星"和"长庚星"两个名字。

为什么说金星是地球的孪生姐妹?

金星是距太阳第二近的行星,也是距离我们地球最近的行星,所以人们一直把金星看作是地球的"孪生姐妹"。

金星与地球还真的有很多相似之处呢!它的赤道半径大约是6050千米,比地球小400千米左右;它的平均密度是地球的95%;体积是地球的0.88倍,都跟地球差不多。最重要的是,金星上也有大气和云层,甚至在金星的大气层中也会有闪电和雷鸣呢!

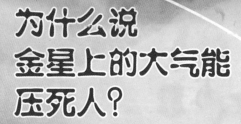

为什么说
金星上的大气能
压死人？

　　虽然金星上有大气和云层，看上去与地球的环境很相似，但是，千万不要就此认为它与地球一样，也有青山绿水和蓝天白云哟！

　　金星的大气层厚重而浓密，97%以上都是二氧化碳。浓密厚重的大气层，就像是金星的棉被一样，把金星包在中间，这使得金星上的"温室效应"特别强烈，太阳辐射所产生的热量只能反射出去很少的一部分，所以金星的表面温度高达400多摄氏度。

　　更重要的是，金星上的大气密度是地球大气密度的近百倍，大气压为地球的90多倍，这就好比地球上900米深海中的压力，人类在金星上是根本没有办法生存的。

快要被烤焦了！谁来救救我啊？

智慧大本营 ↑

　　如果将杯子装满水，在上面盖上一张纸，再把杯子倒过来，水不会从杯子中流出，这便是大气压力的作用。大气压通过纸将水压到杯子中，如果将杯子开个小洞，或者将水面与纸相连的部分开个小口，使空气进去，水便会"哗啦"一声流下来。

金星

罗蒙洛索夫

金星上有水吗？

　　金星上的大气层是罗蒙洛索夫发现的，它的主要成分是二氧化碳，有30～40千米厚。这么厚的大气层至少有25千米的浓密云层，这个云层中含有腐蚀性很强的硫酸。它的大气压是地球的90多倍，表面温度有480摄氏度左右，所以在这么高的温度下，即使有水的存在也不可能是液态的水。

　　但是，金星13号探测器和14号探测器的考察结果又发现，金星内部的岩浆里含有水分。所以人们又开始动摇了，是不是金星内部含有水呢？看来金星上到底有没有水还是一个未解开的谜呀！

火星上有生命存在吗？

如果要说与地球环境相似的行星，在太阳系中只有火星了，因为火星上有大气、有水分，这都是生命存在的重要条件。但是，人们并没有在火星上找到火星宝宝，甚至连动植物或者微生物的痕迹都没有。

那是因为火星大气中含有大量的二氧化碳，虽然这种气体能制造温室效应，但是火星上的温度还是很低，特别是到了晚上，最低温度可以达到零下79摄氏度。在白天火星大气中呈饱和状态的二氧化碳和水，也会在这样低的温度下凝结成冰，这么低的温度生命根本没有办法适应。

而且，火星上虽然有水，但却并不充足，除了一些水蒸气外，火星上并没有江河湖海。如果我们把火星上的冰全部融化成水的话，也只不过有10米深罢了，这比地球上的海浅得多。

智慧大本营 ↑

温室效应就是人们常说的"花房效应"，受温室效应影响的星球就像是在花房中一样，一年四季都是暖暖的感觉。形成温室效应的最大凶手就是二氧化碳，因为二氧化碳是吸热性强的气体，太阳的热量被大气中的二氧化碳吸收，然后保存在大气层中，这个星球当然就会越变越暖了。

火星为什么是鲜艳的红色呢?

在地球上观察,火星是一颗火红色的明亮星星,它独特的火红色自古就吸引着人们的目光,因此在古希腊的神话中把它称为战神。

火星之所以会呈现出火红的颜色,是因为火星表面很干燥,遍地都是红色的土壤和岩石。经科学家对这些表面物质成分的分析得知,火星的土壤中含有大量的氧化铁,类似于地球上的铁锈。据称,火星表面氧化铁的含量是地球的3倍,火星的表面并没有水,岩石和土壤中含有大量的铁成分,加上长期受太阳紫外线的照射,铁就生成了一层红色和黄色的氧化物。

火星就像一个生了锈的大铁球一样,以它独特的火红色存在于太阳系中。

智慧大本营 ↑

火星是太阳系由内往外数的第四颗行星。火星基本上是沙漠行星,南方多为陨石坑遍布的高地,北方主要是平原地形。另外,火星大气稀薄又寒冷,常有尘暴发生。

火星探测器

火星为什么忽明忽暗呢？

人们常常把火星又称为"荧惑"。这是因为火星有的时候很亮，有的时候又很暗。它最亮的时候会达到−2.9等星，比最亮的恒星天狼星还要亮，而最暗的时候就变成了1.5等星。

这是因为地球和火星都要在自己的轨道上运行，有的时候离得近，有的时候离得远，所以我们会看到火星总是忽明忽暗的！

火星的两极也是冰雪的天地吗？

根据探测发现，火星的两极是白色的，气温都在冰点以下，在这里覆盖着大量固态的二氧化碳，当然这里也含有一些水汽凝结成的冰，这就是火星上的"极冠"。

火星极冠的范围会随着季节出现亮区和暗区。在冬天气温下降的时候，大气中的二氧化碳开始凝结成冰，极冠增大，反射太阳光的能力就更大，极冠就变亮了；到了夏季，冰雪融化了，极冠的范围缩小，反射光减弱，这个区域也就变暗了。

救命啊！我要回地球！

为什么火星和木星之间有一条小行星带？

小行星带指的是位于火星和木星轨道之间的小行星的密集区域，估计这里有50多万颗小行星。有人认为，在太阳系形成的最初阶段，在火星与木星之间本来可以聚积形成一颗大行星，但因为某种原因没有形成，所以留下了大批的小行星。

还有人认为，小行星带是木星和太阳间相互作用的结果。因为两个天体的引力场相互作用会产生平衡点，叫作"拉格朗日点"，而小行星带距太阳的距离正好在木星与太阳的内拉格朗日点附近，太阳的引力和木星引力的合力正好可以为它们提供公转的向心力，所以才会吸引大批小行星在此聚集，形成了小行星带。

小行星带是怎样被发现的?

提丢斯

1766年，德国天文学家提丢斯偶然发现一个数列，正好与水星、金星、地球、火星、木星以及土星到太阳的相对距离相吻合。他仔细观察后发现，在火星和木星之间有一个空缺，并没有行星可以填补。这个发现，引起了天文界的重视，人们觉得火星和木星之间一定还有一颗行星。

1801年新年的晚上，意大利天文学家皮亚齐在那个空位上偶然发现了一颗小天体，并命名为"谷神星"。第二年，天文学家奥伯斯在同一区域内又发现另一小行星，命名为"智神星"。1807年，在相同的区域内又增加了第三颗婚神星和第四颗灶神星。之后，人们又相继发现了几十万颗小行星，终于意识到，在那个空位里，并没有另外的一颗行星，而是一个小行星带。

皮亚齐

木星为什么被称作"小太阳系"？

木星是一颗巨行星，木星内部可以装下除了太阳外的整个太阳系所有的行星、卫星以及宇宙尘埃等。最重要的是，目前人们发现的木星卫星已达到92颗，木星是整个太阳系中卫星最多的天体。卫星们环绕着木星旋转，很像一个星系。我们的地球有一颗卫星——月球，有的行星连卫星都没有。

木卫三是木星所有的卫星中最大的一个。它的体积比水星大，表面呈黄色，可分为盖满冰层的明亮区和冰上堆积着岩质灰尘的黑暗区，并有几处横向错开的断层、线状地形、互相平行的山脊与深沟。科学家发现，在木卫三上面还有类似于地球上的板块运动呢！

智慧大本营

从木星的南极区到北极区可以清楚看到17个云区或云带。它们的颜色、亮度不太相同。褐色云带的云层要深些，温度稍高，大气向下流动；蓝色部分则显然是顶端云层中的宽洞，通过这些空隙，就可看到晴朗的天空。

41

想变成我……没门！

木星有可能成为另一个太阳吗？

在太阳系形成之前，木星本来有可能和太阳一样成为恒星的，但是因为种种原因失败了，它被太阳强大的引力所捕获。

如果没有太阳，木星也许就成为恒星了。不过现在，尽管它体积是地球的1316倍，质量为地球的318倍，但因为太阳的存在，它还是不可能成为一颗恒星，所以只能甘拜下风，做太阳系中的一颗大行星了。

当然，也可能发生奇迹，那就是它吸入一些其他的天体，让自己达到足够的质量，产生更大的压力使得氢、氦发生核聚变反应，这样它也就有可能成为另一个太阳。不过说实在的，这种可能性真的微乎其微。

木卫一

为什么木卫二特别亮？

木卫二与木卫一的组成成分十分相似，都是以硅酸盐岩石为主。但是与木卫一不同的是，木卫二有一个薄薄的冰外壳。这层冰壳上布满了陨石撞击坑和纵横交错的条纹，尽管如此，它还是像镜子一样，使木卫二具有了超强的反光能力，所以木卫二看起来特别亮。

木星上为什么有一块大红斑？

木星大红斑

在木星表面最引人注目的是位于赤道南侧的大红斑。木星身上的这块"胎记"呈椭圆形，长约2.5万千米，宽约1.2万千米，足足有三个地球那么大。

这个红斑并不是不动的，它时常飘动，颜色也时常改变。有时候是深红，有时候是鲜红，有时候略带棕色或淡玫瑰色，而且这个大红斑已经持续了很多年，仍然没有消失的迹象。木星是一颗气态行星，它的表面是流动的。根据探测发现，这块大红斑也许就是竖立于高空、嵌在云层中的强大旋风，或是由一团激烈上升的气流所形成的。由于气体中含有大量的红磷化物，所以颜色比较深。

木卫二

智慧大本营

红磷是一种化学物质，一般情况下它是一种红色粉末。我们在一些火柴盒的侧面可以见到红磷的身影，火柴在这块红磷上面一擦，就可以引燃了。

科学家为什么会认为木卫二上可能有生命？

2009年11月，美国亚利桑那大学科学家理查德·格林博格等人经研究发现，木卫二可能存在类似于鱼类的生命。这个理论虽然没有得到证实，但是却告诉人类木卫二上面可能有生命的存在。

木卫二上面有冰壳，自然会有水分，甚至海洋。经科学家研究发现，木卫二表面并没有陆地，在厚厚的冰层之下，的确有着深度为160多千米的海洋，而这片海洋的水足足可以覆盖整个地球。木卫二的海洋中含有不少氧气，从理论上来说，这些氧气足够可以支持鱼类自由自在地生活。

冰盖

液态水

木卫二

木星

木卫一

冰盖

木卫二剖面示意图

160多千米深的海洋

土星的光环是什么?

土星可算是太阳系中较为奇特的一颗行星,从望远镜中看,它的外表犹如一顶草帽,在圆球形的星体周围有一圈很宽的"帽檐"。几百年前的意大利天文学家伽利略观测到在土星的球状本体旁有奇怪的附属物,就像一个大圈套在了土星的腰上,这就是土星光环。

这个光环成了天文学家共同关注的对象。1675年,意大利天文学家卡西尼发现土星光环中间有暗缝,他推测光环应该是由无数小颗粒构成的。1856年,英国物理学家麦克斯韦从理论上论证了土星环是无数个小卫星在土星赤道面上绕土星旋转的结果。

我们在观测土星光环的时候可以看到,这道光环共有5层,有3层比较明显,2层比较暗淡。就是这些巨大的光环使土星成为太阳系里最美丽的行星之一。

智慧大本营 ⬆

伽利略是意大利著名的物理学家、天文学家和哲学家,他发明了天文望远镜,让人类看得更远,甚至可以用来观察宇宙;他发现了摆的运动规律;他告诉人们什么是重力,什么是加速度……总而言之,伽利略是一位多才多艺的科学家,他在力学、天文学、热学、哲学等方面都有很大贡献。

土星真的可以浮在水面上吗?

土星的大小仅次于木星,而且它们有很多相似的地方。土星的直径约为12万千米,是地球的9.5倍,体积是地球的730倍,但是它的质量并没有跟着增长,它的平均密度比水还要小。

在生活中我们也可以发现,油总是漂在水面上,木头也会漂在水面上,而一块铁却会沉入水中,这就是因为它们的密度不同。油和木头的密度要比水小,所以会漂着;铁的密度比水大,所以会沉下去。土星的密度也比水小,所以如果把土星放到水中的话,它也会像木块一样漂浮在水面上的。

噢耶!

天王星为什么被称作"大懒虫"？

天王星之所以会被称作"大懒虫"，是因为它在太阳系中与其他行星的运动方式都不同。

太阳系中其他行星的赤道面与公转的轨道面夹角很小，所以大部分都是直立地围绕着太阳公转的。但是，天王星的赤道面和轨道面的倾斜角度几乎有90°，形成了一个直角。也就是说，它总是以躺着的姿势绕着太阳运动的，这架势可真有些王者的风范，就是懒了点!

威廉·赫歇尔

反射式望远镜

智慧大市营 ◆

天王星被人误会了很久。之前人们以为它是属于金牛座的一颗恒星，直到英国天文学家威廉·赫歇尔在1781年用自制的反射式望远镜观测后，首先提出它可能是太阳系里的一颗彗星。直到2年后，法国科学家拉普拉斯才最终确认了它行星的身份。

为什么天王星是蓝色的？

不管是从图片还是用天文望远镜观察，天王星的表面都可以看到一些发白的蓝色光彩和与赤道平行的条纹，这是怎么回事呢？

这有可能是由天王星超快的自转速度造成的。天王星每17小时14分钟就会自转一周，快速的自转带动星球上的大气快速流动。天王星的大气中含有甲烷的成分，在大气流动的过程中红光被大气中的甲烷吸收，蓝光被反射出来，所以天王星看上去就成了一颗蓝色的星球了。

智慧大本营

甲烷主要存在于油田、天然气以及沼气中，它燃烧后会产生蓝色火焰，烧尽后没有污染，只会产生二氧化碳和水蒸气，是很好的燃料。但如果人直接吸入过多甲烷的话，是会中毒的。

甲烷（CH_4）

海王星的"黑眼睛"是什么？

在海王星表面的南半球上，有块类似木星大红斑的像"黑眼睛"一样的漩涡。这个漩涡以大约16天为一个周期逆时针方向旋转，人们把它称为海王星的"大黑斑"。这块"大黑斑"与木星上的大红斑类似，也是移动的，有时甚至会消失。

1994年，科学家通过哈勃望远镜惊奇地发现海王星的大黑斑竟然消失了。就在人们还在为大黑斑的消失而争论不休的时候，几个月后，哈勃望远镜在海王星的北半球又发现了一个新的黑斑。科学家们猜想，海王星的"大黑斑"是它的大气层频繁变化的结果，或许是由于云的顶部和底部温度差异的细微变化所引起的。

为什么说海王星是"笔尖下发现的行星"？

r=a/sinθ

在天王星发现不久，人们在天王星之外又发现了离太阳第八远的海王星，它的亮度是7.85等星，我们只能借助天文望远镜来观察，肉眼根本看不到。而且海王星还有一个奇怪的名字叫"笔尖下发现的行星"。

1612年12月28日，伽利略第一次观测并描绘出了海王星，但是他却认为那是外星系的一颗恒星，所以就没有在意。但是之后的科学家在发现天王星后，注意到它的运动轨道有所偏离，根据偏离的程度，人们计算出有可能还有另一颗行星干扰到了天王星的运动，于是大胆提出在天王星外还有一颗行星。英国和法国的天文学者一起计算出了这颗新星运行的轨道，之后在观察中，终于找到了海王星。

别的天体都是通过观察发现的，只有海王星是科学家们先计算出它的存在，然后才找到它的。

"旅行者2号"
探测器

海王星上为什么有好几道环？

海王星拥有5道天蓝色的光环，人们从内向外依次命名为加勒环、列维尔环、拉赛尔环、阿拉哥环和亚当斯环。不过，这5个环看起来很暗淡，而且也不太稳定。

开始，由于海王星离地球实在是太远了，难以观测，科学家们并不确定海王星是否有光环。直到1989年8月，"旅行者2号"探测器终于使这一悬案有了解答。

当探测器飞近海王星时，发现海王星周围有几个光环隐藏在灰尘下面，而且外光环很不一般，呈明显弧状，沿弧有紧密积聚的物质。直到今天，有关海王星环系的具体情况仍不太清楚，还需要人们更多的探测和研究。

什么是陨星？

　　陨星其实是流星遗留下来的"孩子"，流星进入大气层后会开始燃烧，大多数流星会在半空中烧尽，但有时候还是会有少数没有燃尽的物质，这些物质叫作陨星。其中含石质较多或全部为石质的陨星叫作陨石，而含铁较多或全部含铁的陨星叫作陨铁。因为陨星在大气中燃烧磨蚀，所以大部分的陨星都是浑圆而无棱无角的，表面也会布满大小不一、有深有浅的坑，还有一些陨星上有浅浅的条形气印，这应该都是那些熔点低的矿物留下的。

　　各种陨星中大多都含铁，会呈现出灰色、红色或是褐色，而且也有一定的磁性。陨星的内部含有宇宙中某些天体的物质，对我们研究宇宙有着很大帮助。

智慧大本营

2013年2月15日，一颗轨道离地球很近的小行星即将与地球擦肩而过，而这天下午俄罗斯上空下起了流星雨，其中一颗陨星从天而降，在半空发生了爆炸，然后竟然在地面上砸出了一个直径9米的大坑！

陨星能导致物种灭亡吗?

小的陨星当然不会给地球带来太大的伤害,因为它穿过大气层时会燃烧一部分,落在地面上的只是一些残存物质。但是,大的陨星却可能给地球带来致命一击。经研究发现,大约2.51亿年前,地球曾经经历了一次大冲撞,使得全球90%以上的物种灭绝。这比6600万年前那次致恐龙等物种灭绝的陨星撞击还要严重和恐怖得多。

2.51亿年前的那颗小行星在和地球产生冲撞时,产生了一个巨大的火球,同时把上百亿吨的灰尘散落在大气层中,导致地球几个月都暗无天日,使得绝大多数生物无法生存。除此之外,它落在地球上的灰尘形成一个和当时行星所带有的化学物质相同的地质层。科学家们在南极洲找到了那次撞击所残留下来的陨星碎片。

小行星会撞地球吗?

人们一直认为侏罗纪时地球的主人恐龙的突然灭绝就是因为一颗小行星撞击地球而造成的悲剧!靠近地球的小行星,也就是轨道与地球轨道相交的小行星,到现在为止已经知道的直径大于4千米的有数百个,直径大于1千米的有成千上万个。

面对这么多不安分的小行星,人们采取了密切的监视与追踪,但还是有小行星成为漏网之鱼。

2002年6月6日,一颗直径约10米的小行星撞击地中海。这颗小行星在大气层中爆炸、燃烧,释放出了相当于2.6万吨炸药的能量,相当于引爆了一颗中型原子弹。

你知道太阳多大吗?

太阳是太阳系的中心天体,也是离地球最近的一颗恒星。它每分每秒都向宇宙辐射着能量,那些不会发光发热的行星就全靠它来取暖了。我们的地球正是因为有了太阳,才会变得这么美好。

小朋友们,可不要认为太阳就像你们看到的只有盘子那么大哟,它的直径有139万千米,相当于地球的109倍呢!太阳的体积有1.41×10^{18}立方千米,是地球的130万倍,如果说我们地球像一个小米粒,那太阳就是一个大西瓜。

太阳有2×10^{27}吨那么重,也就是说把33万个地球的质量加起来,才相当于一个太阳。太阳系质量的99.865%都由它带来,所以太阳真不愧是太阳系中的老大!

智慧大本营 ↑

太阳的大气层分为三层,从内到外依次为光球层、色球层和日冕层。光球层是太阳最明亮的区域,我们所看到的太阳光主要是光球层发出的。色球层我们平时看不到,在日食的时候太阳边上会出现一层玫瑰色的光晕,那就是色球层了。太阳的最外层是日冕层,它的温度非常高,而且会向外吐出火舌,日冕延伸的范围有时可以达到太阳半径的几倍,甚至更多。

都是幻想家……

西瓜西瓜,我是地球!

米粒米粒,我是太阳!

太阳是宇宙中一颗能够自身发光的普通恒星，它的巨大能量给地球送来了光和热。"万物生长靠太阳"说的就是这个道理。不过，为什么阳光能够让我们感觉到温暖呢？

太阳的能量是通过光波的形式来到地球上的。在太阳光中，那些看得到的光线并不能给我们带来多少热量，我们之所以会感觉到温暖是因为太阳光中含有看不见的红外线。红外线的穿透性比可见光强，具有很强的热能。这些红外线中波长较长的一部分光，可以被人体吸收，带给人体热量。这就是阳光使人温暖的原因啦。

目前，撒哈拉大沙漠东部是世界上阳光最多的地方，因为那里几乎没有能够遮住阳光的云层，加上纬度低、日照时间长，因此光照特别多。虽然阳光会使人感到温暖，但是阳光也会使人受伤，尤其是紫外线，因此在室外活动时还是要多多注意防晒。

为什么阳光使人感到温暖？

太阳为什么从东方升起?

太阳公公每天准时起床,从东方升起叫醒沉睡的我们,晚上他又很准时地从西边回家。所以,每个小朋友都知道,太阳公公一直是东升西落的。可是,是谁规定了太阳的活动路线呢?

地球自转形成昼夜示意图

其实,真正给太阳公公提"要求"的是咱们地球。地球每时每刻都以南北极为轴自转,自转的方向是自西向东,所以我们看到的太阳运动方向便自东向西了。这就和我们在往前走的时候会觉得周围的景物在后退的道理是一样的。

不过,处于地球的不同位置,太阳在东方升起的方位也不一样,这是地球绕太阳公转的原因。夏季时,太阳移动到北回归线附近,在北回归线上的人会觉得太阳是从正东方升起来的,而在赤道上的人则会觉得太阳是从东北方升起来的。

为什么会有日食?

日食是一种普通的天文现象,日食发生时,我们会看到太阳像是被窗帘遮住了一样,大地会瞬间陷入黑暗。那么,太阳到底是被什么挡住的呢?

其实,挡住太阳的那个"窗帘"是我们的老朋友——月球(月亮)。我们都知道,地球绕着太阳转,月球绕着地球转,假如地球运行的轨道平面和月球的轨道平面重合,那么月球每绕地球一周就会有1次出现在太阳和地球的中间,这时,阳光照射到地球上的光被月球挡住,地球表面上处于月影地区的人们就会看到太阳被黑乎乎的东西挡住。日食就是这样发生的。

日食形成示意图

每当日全食发生时，都会出现美丽的贝利珠。贝利珠形成于月球即将完全遮住太阳或月球完全遮住太阳后开始分离时。当窄窄的弯月形的光边穿过月球表面上粗糙不平的谷地时，就变成一系列的小珠子，这些光斑称为"贝利珠"。这种美丽的景象一般只能持续一两秒钟。

小朋友们知道吗？月球表面的地貌比地球的地貌更复杂，遍地都是山和沟，当太阳和月亮完全重合时，成束的光线被复杂的地貌给折散了，它们穿过山谷，看起来便像是一串串闪闪发亮的小珠子。

同理，我们一样可以根据贝利珠的形状判断出月球的地貌。如果出现贝利珠，那么月球的这块区域一定有若干较大的类似月海或环形山的洼地。因为只有山脉等地形阻隔，才能形成明显断痕，进而形成贝利珠。

为什么天空中有时会出现两个太阳？

天空中只有一个太阳，这是不争的事实，但有人却看到两个甚至三个太阳出现在天空中，这是怎么一回事儿呢，是当年后羿手下留情了，还是太阳把值班表弄错了呀？

气象专家对此做出了解释，这种现象叫作"幻日"。天空中出现的半透明薄云里面，飘浮着许多六角形柱状的冰晶体，当它们偶然地整整齐齐地垂直排列在空中时，就变成了像万花筒中小镜子似的多棱镜。如果这时，太阳光射在这些六角形的冰柱上，就会发生有规律的折射，在太阳的旁边便会出现一个"假"太阳啦！

当然，要形成幻日也不是很容易的事，云要够高、够薄，透光性要好，最重要的是云中一定要有冰晶，而且太阳、冰晶还有观察者的角度要正好合适，这些条件还真算是苛刻呢！

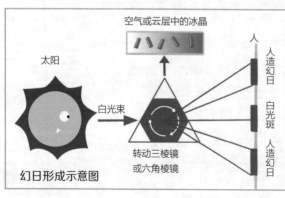
幻日形成示意图

为什么早晚看见的太阳比中午大？

2000多年前，两个小朋友的一个问题难住了大教育家孔子：为什么早晚的太阳看起来比中午大呢？有些人认为是错觉，因为早晚看太阳时参照物是房屋、树木，天空变小了，太阳显大；而中午太阳的参照物是广阔的天空，自然也就显得小了。

不过，这种观点并不能被人认同，想一想，哪怕中午我们站在树下看太阳，太阳也不会显得比早晚大。其实，之所以有这样的变化还是因为神奇的大气作用，是因为太阳光穿过大气层时光线发生了折射。如果把筷子放在盛水的透明玻璃杯中，会发现筷子好像折断了，而且水以下的筷子也变粗了，同样的道理，太阳光穿过大气层时，光线发生了曲折，早晚的时候曲折度大，而中午的时候曲折度小，所以才会产生早晚的太阳比中午大的现象。

智慧大本营 ⬆

光从一种透明介质斜射入另一种透明介质时，传播方向一般会发生变化，这种现象叫光的折射。由于光在两种不同的物质里传播速度不同，所以在两种介质的交界处传播方向会发生变化，这就是光的折射原理。

为什么黎明之前的天空总是特别黑？

　　小朋友们有没有注意，每天早晨天要亮时，总会突然特别黑，甚至比整个晚上都黑，这究竟是怎么回事儿呢？

　　白天，我们会看到光，是大气层中的空气和尘埃散射太阳光的缘故，如果没有大气对光的散射我们是看不到光的。这种情况就像是从宇宙飞船上看太空，虽然有那么多发光的恒星，但是太空却黑漆漆的。

　　黎明前，地球大气层的空气分子和尘埃分布不均匀，越靠近地面的部分越浓密。地平线以下的太阳光照射到地球大气层上，可大气上层稀薄的空气却没有那么好的散射能力，所以亮光到达不了地面。虽然光线到不了地面，却足以把夜晚天空中亮闪闪的星光给冲淡，这样我们不仅看不到太阳光，反而连晚上的星光也看不到了，于是就只剩下一片漆黑的世界了！

　　因此，黎明前的一刹那比夜晚还要黑暗。

太阳在未来将会爆炸，这是真的吗？

小朋友们已经知道，有些恒星老了，内部的能量就会渐渐变得不平衡，进而会爆炸形成超新星，而另有些恒星老了却会形成行星状星云，最后变成丑丑的矮星。那么太阳老了之后究竟会变成什么样呢？

根据现在的观察，太阳虽然是太阳系里的老大，但在恒星的大家族里就算是比较小的了。它老了后还达不到成为超新星的程度，所以太阳的命运应该先是越来越大，膨胀成红巨星，然后大约维持10亿年后形成星云，之后变成白矮星，最后成为黑矮星，不再发光发热，成为太空中的一块大石头。

不过，虽然太阳不会爆炸，但它成为红巨星时半径会膨胀至大约200倍，离它近的水星、金星、地球甚至是火星便会被它吞进肚子里去。

到了那时，太阳的能量还没消失，因此木星和那些剩下的行星便会组成一个新的太阳系。

太阳

红巨星

星云

白矮星

黑矮星

太阳为什么在早晨五六点钟出来？

日晷

太阳很勤劳，每天早晨都会早早起床，给我们送来光明和温暖。但是，太阳也有闹铃吗？为什么每天都是五六点钟出来呢？

呵呵，太阳之所以会那么准时，那可是人类的智慧哟。劳动人们在发明计时方法的时候，规定一天就是地球自转一周的时间。人们通过自己的观察，把太阳到天空正中的时间算作十二点，这样从中午十二点继续往前推，第二天太阳升起来的时间正好是五六点钟哦！

太阳是气体还是固体？

太阳看起来像一个大火球，很多人认为它是气体的，是一个由热气聚集在一体的"气球"。但是，这种说法是不对的。其实，太阳既不是气体，也不是液体，而且更不可能是固体。

确切地来说，太阳是等离子体，等离子体与气体很相似，它是一种"超气态"，没有确定的形状和体积，有很强的流动性。

但是，等离子体也有很多独特的性质，而且与气体有着本质的区别。首先，它可以导电，也可以在一定体积内维持电中性。其次，气体的分子间不会产生净电磁力，而等离子体之间的带电粒子是可以相互作用的。如太阳风暴的产生，实际上就是带电粒子之间的相互作用。

别看等离子体说起来很深奥，其实人类已经对它很了解了，人们根据等离子的这些特征，生产出了电视、手机等很多高科技的电子产品呢。

智慧大本营 ←

等离子电视是在两张超薄的玻璃板之间注入混合气体，并施加电压利用荧光粉发光成像的设备。与普通的显像管电视相比，它具有分辨率高、屏幕大、超薄以及色彩丰富、鲜艳的特点。与液晶电视相比，它具有亮度高、对比度高、可视角度大、颜色鲜艳和接口丰富的特点。

什么是太阳耀斑？

如果用天文望远镜观察太阳，就会看到太阳光球层上有一些跟周围颜色不一样的地方，这些地方有的颜色比较深，有的颜色比较浅，其实这种斑点是由于太阳光球层表面的温度高低不同而形成的。人们称那些深色的斑点为"太阳黑子"，而那一块块浅颜色的亮斑则被叫作"太阳耀斑"。

一般情况下，太阳耀斑的出现是突发性的，它的寿命只有短短的几分钟，最长的也只有几十分钟。别小看这个光斑，它每次出现，就是一次惊天动地的大爆发，这时它释放的能量相当于地球上10万～100万次强火山爆发的总能量，或者上百亿枚氢弹爆炸的能量。

而且，太阳耀斑对地球上的气象和水文等方面也有着不同程度的直接或间接影响呢！

智慧大本营 ↑

太阳耀斑是一种最剧烈的太阳活动。2013年2月，一场剧烈的太阳耀斑爆发将大量带电粒子抛射向地球，一些高纬度地区出现明显的极光，而在另一些地区造成通信中断。

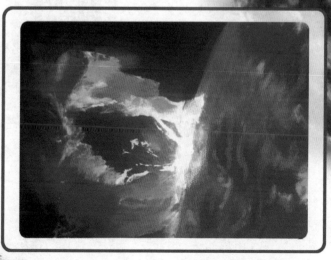

太阳耀斑爆发的壮观画面

太阳黑子对地球有什么影响？

小朋友们已经知道，太阳中心区域那些深色的斑点就是"太阳黑子"。它们并不是像胎记一样有着固定形状、固定位置的，它们在太阳表面上的大小、多少、位置和形态等，每天都在变化。

太阳光球层上的一些物质，进行剧烈运动之后，就会在局部形成一个强磁场区域，这块区域便是太阳黑子的活动区。天文学家在长期观测太阳黑子之后发现，有的年份太阳黑子较多，有的年份则相对较少，有时甚至几天、几十天也没有太阳黑子。于是，他们把太阳黑子最多的年份称之为"太阳活动峰年"，把太阳黑子最少的年份称之为"太阳活动谷年"。

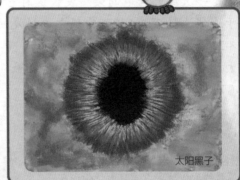

太阳黑子

太阳黑子的多少也直接影响到人类的生产和生活，当太阳黑子活动达到高峰期时，地球上的气候都会受到直接的影响呢！

太阳风

太阳上为什么会刮风？

我们的生活中，因为空气的流动而形成风，那么太阳上没有空气，就不会刮风了吗？当然不是，太阳上也会有风，人们称它为"太阳风"，是太阳表面的带电粒子高速运动而形成的等离子风暴。

太阳表面带电粒子的流动，就像地球上的空气流动一样，但太阳风刮起来可远远胜于地球上的风呢！当太阳风到达地球时，会影响地球的磁场引起地磁暴、电离层暴等，并影响通信系统等。因此人们还在对太阳风进行进一步研究。

每天，我们都在太阳和月亮的陪伴下生活，它们轮流值班、尽心尽力。但是，太阳和月亮究竟谁大谁小？看起来似乎差不多大呢！

其实，小朋友们不要被自己的眼睛误导哟，太阳比月亮可大多了。太阳的直径大约是139万千米，而月亮的直径大约为3400千米，这样算下来，太阳比月亮大了不知道多少倍呢！至于我们看起来月亮和太阳差不多大，那是太阳离我们远的缘故，而月亮是地球的卫星，离我们很近。远处的东西看起来比较小，近处的东西看起来就大得多了。所以太阳和月亮用眼睛看起来是差不多大的。

月亮大还是太阳大？

太阳

月亮

地球

月球为什么离我们越来越远？

月球是地球的小小卫士，在距离地球36.2万～40.3万千米的椭圆形轨道上围着地球公转。但是，科学家们发现，月球正在以大约每年3.5厘米的速度慢慢远离地球！

月球之所以会远离地球，是因为离心力在作怪。当我们坐的车转弯的时候，我们会有一种被向外甩的感觉，这就是离心力。月球绕着地球旋转，当然也会有离心力，就是这种离心力让月球慢慢地远离了地球。

离心力铁环

另外，月球在围绕地球转动过程中，每个月都会有十几天时间位于地球与太阳之间。这时，除了地球引力，太阳引力也会对月球产生影响。由于太阳引力的作用，月球每个月都会有一次被拉向太阳而离开地球。月球离地球越来越远，直至最终因为地球的引力不足以拉住月球而让月球向太阳飘去。

虽然月球离开我们的地球是个逐渐加快的过程，但我们也不必担心，因为月球真正想要摆脱地球还需要亿万年的时间。

为什么月亮朝着地球的总是同一面？

自转周期 = 公转周期 = 27.3 日

只要细心观察，我们就会发现，月球总是以同一面对着地球，这是为什么呢？科学家经过计算得出，月球自转一周的时间正好和公转一周的时间相同，都是27.3日。这样的话，无论什么时间，月球永远都以同一面对着地球，我们都只能看到月亮的"脸"，而看不到它的"后脑勺"了。

对于月球的背面，天文学家认为月球背面应和正面差不多，也有很多陨石坑和熔岩海。但是，由探测器发回的照片却显示大为不同，月球背面竟然相当崎岖不平，绝大多数是小陨石坑和山脉，只有很少的熔岩海。至于为什么会有这种差异性，科学家目前还无法给出答案。

为什么月亮有阴晴圆缺?

我们知道,月光是月亮反射的太阳光。可是,月亮为什么会有阴晴圆缺的变化,每天晚上都不一样呢?

当我们了解了太阳、地球和月亮的位置关系后,自然就会明白这是为什么了。太阳、地球和月亮这三个天体在太空中所处的位置是时刻变化的,在地球上看到的月亮被太阳照亮的部分也在变化,也就导致出现月亮的"阴晴圆缺"的变化了。

在农历初一时,月亮正好运行到地球与太阳的中间,月亮暗的一面正对着地球,在地球上也就看不到月亮了。而在农历十五的时候,月亮运转到地球的背面,可以完全反射太阳的光辉,因此可以看到圆圆的月亮高挂在天上。

由此可见,月亮的圆缺变化,并不是它本身的变化,而是由太阳、地球和月亮三者之间的位置来决定的呢。

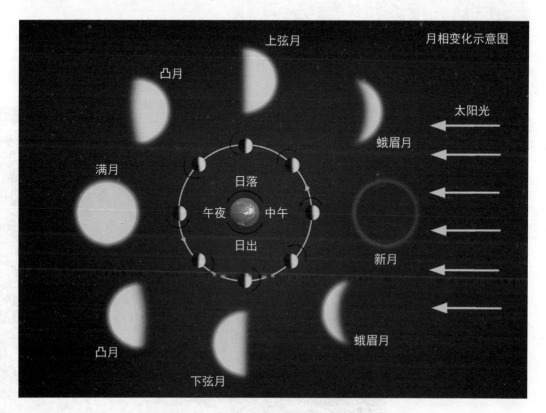

月相变化示意图

上弦月

凸月

太阳光

蛾眉月

满月

日落

午夜 中午

日出

新月

凸月

下弦月

蛾眉月

月球上的一昼夜也是 24小时吗？

月球上
的一昼夜有
640多个小时

一天有24小时，太阳每天按时升起落下，这是每个小朋友都习惯的事情。但是，如果你在月球上生活的话，可就不是这样了。

月球上，太阳从东边升起之后，要经过160多个小时才能爬到正上空，然后再经过160多个小时才会落下，这样算起来，月球上的一个白天要经过320多个小时，自然再过320多个小时之后，太阳才会从东边再次升起。也就是说，月球上的一昼夜要640多个小时，将近4个星期。这样来看，月球上的1天大约是地球上1个月的时间呢！

月亮为什么跟着人走？

夜晚在田野上行走时，月亮会像一个朋友一样陪在你身边，你会觉得它一直在跟着你走。

之所以会出现这样的情况，是因为月亮是天体，离你较远，它会一直在你的视野中。这就好像坐在开动的火车上，就会感到身边的树木迅速向后移动，而远处的树木却像与你一同前进一样。月亮在天空的位置是一定的，当人走动的时候，移动了距离，但是对于地球来说这点距离完全可以忽略不计，对仰望月亮来说视角变化也完全可以忽略不计。同样，我们走的这点路也根本改变不了自己和月亮之间的相对位置，所以看起来就像是月亮在跟着人走一样。

宇航员在月球上走路为什么是一跳一跳的？

如果想要了解宇航员在月球上走路为什么那么奇怪，那就要先说说人为什么可以站在地球上了。大科学家牛顿发现了万有引力定律，他说，世界上所有的一切都是有引力的。比如人之所以会站在地球上，是因为地球的引力作用，地球像一块大磁铁一样，把人紧紧吸住，使人不至于飞到太空里。

而人一旦脱离引力，就会像氢气球一样飘浮在空中，无依无靠了。所以宇航员在太空飞船中都是"飘"着生活的。至于月球，当然也是有引力的，但是月球表面的引力很小，只有地球引力的六分之一。这样，人在月球上不会飞出去，但也不会像在地球上那么牢固，于是便觉得头重脚轻，一不小心就会跌倒。因此，宇航员只能像袋鼠一样，一跳一跳地前进。

智慧大本营 ↑

1687年，牛顿在树下看书，看到苹果从树上落下来，在研究苹果掉下的原因时，他发现任何物体之间都有相互吸引的力量，这两个物体如果质量越大、距离越近，相互之间的引力也就越大；相反，质量越小、距离越远，引力也就越小，这就是万有引力定律。

为什么月球上的脚印可以保存很久?

如果你在地上留下脚印的话,一段时间后它就会消失,因为风会带来尘土将它填平。但是,在月球上却不会这样。世界上第一个登上月球的人——阿姆斯特朗在月球上留下了人类的第一个脚印,这个脚印至今还完好地保存在那里呢。

风是空气流动形成的,但月球上没有空气,也就不会刮风,自然也就不会把地面上的一些细微尘埃带到空中,地面上的一些痕迹也就不会被填平。所以,月球上的脚印当然可以保存很久很久啦!

月亮会自己发光吗?

月球是地球的卫星,也是人类除地球外亲身登上的第一颗星球和了解最彻底的星球。总之,月球与地球就像朋友般亲密。

不过,月球只是一颗普通的卫星,它虽然是亮的,但不像其他恒星那样可以自己发光。我们之所以会看到亮晶晶的月亮,还得归功于太阳,因为月亮的"亮"是反射的太阳光哟!

一个天体能否发光发热,要看它的核心能不能达到某种温度,而月亮只是一个固体星球,它的内部并没有很大的能量。但月亮的表面还算是不错的,可以折射太阳的光辉,这样,我们便可以在地球上看到月亮啦!

智慧大本营 ↑

月球有丰富的矿藏,其中稀有金属的储量比地球还多。月球上的岩石主要有三种类型,第一种是富含铁、钛的月海玄武岩;第二种是富含钾、稀土和磷的斜长岩;第三种是角砾岩。月球岩石中含有地球中全部元素和60种左右的矿物,其中6种矿物是地球没有的,例如氦-3是一种重要的能源。

为什么有时候白天也能看见月亮？

　　不知小朋友们有没有注意，月亮真的很勤劳，有时在太阳值班的时候，它还会出来露个小脸。在早晨或者傍晚时，我们竟然能看到它隐隐约约的影子呢，难道它没有回家休息吗？

　　其实，白天太阳值班的时候，月亮并没有休息哟！月球绕地球转，地球又带着月亮一起绕太阳转，月亮和太阳的位置就不断变化，有时候月亮和太阳位于天空中同一方向，或相隔不远时，月亮在太阳旁边，但在强烈的阳光照射下，我们自然看不到月亮。

　　如果遇到月亮与太阳离得不太远也不太近，也就是上弦月或下弦月前后的那些日子里，月亮就会在大白天与太阳同时出现在天空中，仔细看的话，你一定可以看到的。

为什么月球表面看起来有明有暗？

"嫦娥一号"升空，人们探索月球的愿望也越来越强。如果你仔细观察，会发现它的表面有点像一个人的脸，那是因为月球表面有明有暗而形成的图形。可是，为什么月球表面有的地方明有的地方暗呢？

意大利科学家伽利略认为，月球上能看清楚的亮的部分是高地和高山，看不清楚的暗的部分是"冰海"，伽利略称它为月海。

但后人研究后发现，那些暗的部分是低洼而广阔的大平原，并不是装着冰的"海"。之所以有明暗变化，是因为当阳光照射在月球表面上时，高地反射阳光的能力较强，再加上月球高地主要由浅色的岩石组成，因此也就更显得明亮。而低洼平原部分，那里往往又覆盖着黑色的熔岩物质，反射阳光的本领要弱得多，当然对比之下就显得暗淡多了。

智慧大本营 ↑

在很久之前，月球被一些小天体猛烈地撞击过很多次，被这些小天体撞后，月球的表面形成了很多近似于圆形的洼地。如果月球上有水的话，这些洼地一定会被水填满的，就像地球上的大海一样，所以天文学家们管它叫月海。

月球上为什么广布环形山？

环形山可以说是月球的一大特色，虽然它们显得有些荒凉，但却为我们带来了无限的遐想。有人认为，从环形山的形状来看，应该是陨石撞击的痕迹。月球上没有大气层，陨星会直接硬生生地撞击月球，这种撞击必然会将月球表面上的物质撞起来，结果形成一个个圆形的小坑。还有人认为，这些圆坑与地球上火山爆发留下的痕迹很相似，以此来看，在很久以前，月球上应该发生过多次猛烈的火山爆发。

两种说法似乎都对，不过，一些天文学家在研究了月球之后，更加确定了陨星撞击的说法，因为这些环形山并没有火山口的特征，而看起来就像是撞击后的凹痕呢。

月食是怎么来的?

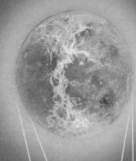

太阳

月食,在神话传说中叫"天狗食月",古代的人们还以为月亮是被天上的大狗一口吃掉了呢。其实,月亮之所以会被"大狗"吃掉,完全是我们地球的责任。当地球跑到了太阳和月亮中间时,就把太阳射向月亮的光挡住了,月亮无法反射太阳的光辉,背对太阳一面的人便会看到月食的现象。

月食分为月全食和月偏食两种。而且,月食都发生在满月时,但不是每逢满月都有月食。

月食形成示意图

地球位于太阳、月亮之间

月食发生时,为什么月亮是红色的?

月食发生时,月亮会突然变成红色的,特别是月全食时,我们一定会看到红红的月亮。我们之所以能看到物体的颜色,取决于这个物体反射什么样的光。比如,我们看到红色的物体,是因为这个物体所反射的红光进入我们视网膜,而其他颜色的光都被吸收或者散射到了其他地方。

月球无法反射太阳光,形成月食

当地球进入太阳和月亮之间,挡住太阳射往月亮的光线时,由于地球存在大气层,太阳光线在地球大气层同时发生折射和散射两种光学现象,将部分太阳光线折射到月球上。因此,此时月亮不会完全消失,还能看到部分轮廓。同时,由于地球大气层会散射掉部分波长较短的光,而像红光等波长较长的光则不易被散射,红光投射到月亮上,便出现了"红月亮"。

为什么没有月环食？

在研究为什么没有月环食之前，让我们先来研究一下日环食是怎么形成的。

我们知道，日食、月食都是因为地球和月亮互相遮挡阳光造成的。出现日食的时候，月亮在地球上的影子分为本影、半影和伪本影。日全食的发生地是地球上完全被月球本影遮住的区域，这里的人们完全接收不到太阳光，因此完全看不到太阳。而偏食的发生地则是被半影遮住的区域，这里的人们可以从一侧接收到太阳光，所以看到的是日偏食。但是，假如某块区域被月亮的本影遮住的话，人们还是可以看到从日面周围散射出来的太阳光，正好形成了一个光环，这便是日环食。

但是在月食的时候，情况就不一样了。我们知道，地球比月亮大得多。所以，月亮的影子无法覆盖整个地球，而地球的影子却可以把整个月亮都遮住。也就是说，月亮只有完全进入地球本影和进入一半的情况。因此，便不可能有月环食了。

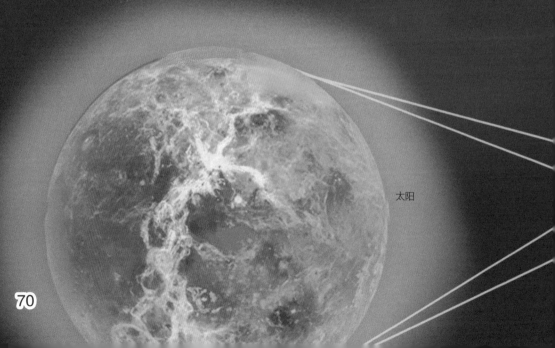

太阳

70

月食多长时间发生一次？

前面说过，只有在满月的时候才可能发生月食，但不是每个满月的夜晚都会发生月食。

事实上，每年发生月食次数一般为两次，最多发生三次，也有的年份一次都不发生。因为在一般情况下，月亮不是从地球本影的上方通过，就是从下方离去，很少穿过或部分通过地球本影，所以并不是每个月都会发生月食。

为什么看见日食的概率比月食小？

发生月食时，月亮进入地球的本影中，背对太阳一面的人都会看到。也就是每当发生月食时，半个地球上的人都可以看到。

但是，日食不一样。月亮的影子要比地球小得多，只能遮住地球上的很小一部分区域，所以只有身在月影区域中的人才可以看到日食。对于整个地球来说，每年发生日食的次数要比月食多，但是对于地球上某个地方的人来说，看见日食的机会却比看到月食的机会少多了！

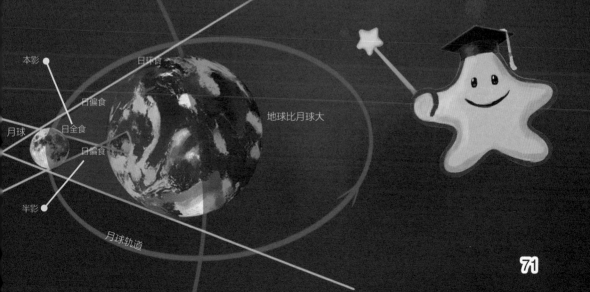

地球轨道

本影
日环食
日偏食
月球
日全食
日偏食
地球比月球大
半影
月球轨道

月球上有没有水和大气？

伽利略说月球上暗的地方是大海。后来经过证明，那些暗的地方是平原或者凹地。但是，月球上是不是真的有大海呢？

之前，科学家们总觉得月球可能藏有大量的水。但是，1999年10月，美国太空总署安排了一艘无人驾驶的宇宙飞船撞击月球后却发现，月球上根本没有液态水，更别说大海了。

没有大气和水的月球，无法孕育生命，就连声音也无法传播，所以宇航员在月球上必须穿着宇航服戴着头盔，就像在太空里一样。

月球上为什么没有风雨雷电？

地球上的风雨雷电等自然现象，都是由于大气层的存在而形成的，比如大气的水平运动会形成风；在太阳的照射下，水蒸气升入空中会形成云，进而形成雨；甚至雷电也是大气中带电粒子之间相互碰撞而产生的。

但是，月球的质量和体积太小，它的引力只有地球的六分之一，即使月球表面的某些物质能够产生空气，这样小的引力也根本没有办法留住它们，也就没法形成大气层。没有大气层的月球，根本没有蔚蓝的天空。在月球上，抬头就只能看见漆黑的太空。所以风雨雷电这些由空气运动产生的事物是绝不可能存在于月球上的。

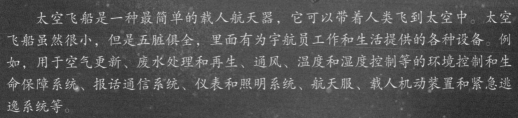

为什么太空飞船能观测地球呢？

太空飞船是一种最简单的载人航天器，它可以带着人类飞到太空中。太空飞船虽然很小，但是五脏俱全，里面有为宇航员工作和生活提供的各种设备。例如，用于空气更新、废水处理和再生、通风、温度和湿度控制等的环境控制和生命保障系统、报话通信系统、仪表和照明系统、航天服、载人机动装置和紧急逃逸系统等。

人类乘坐太空飞船飞到太空，可以通过更广阔的视角对地球进行观测，了解地球的各种动向。古人说："不识庐山真面目，只缘身在此山中。"只有走出地球，才有可能更全面地了解地球。当然，有些太空飞船虽然没有载人，但它上面有着许多精密仪器，也可以时刻观测地球呢！

智慧大本营

间谍卫星又称侦察卫星，是一种专门用来监视地面的军用卫星。间谍卫星利用所载的光电遥感器、雷达或无线电接收机等侦察设备，从轨道上对地面的目标进行远距离侦察，然后把侦察到的信息传送回地面接收站。地面上的工作人员会从中提取出有价值的情报。

UFO到底是什么？

UFO是英语unidentified flying object的缩写，也就是不明飞行物，又称为飞碟。UFO指的是那些来历不明、结构不明、空间不明、性质不明，但又可以飘浮或者飞行在空中的物体。它们一般来去匆匆，难以捉摸，甚至连它们究竟存在与否都没有办法确定。

于是，有些人觉得它只是一种自然现象，只是人类的幻觉。但大部分人还是相信UFO是存在的，它可能是来自外星的太空船。从20世纪40年代开始，美国上空发现碟状飞行物之后，世界各地都出现了有关UFO的报道。一般情况下，见过它的人都把它描述成像碟子或者草帽的形状，但没有一个人能以实物证明。

来啰！

伙伴们，快点啊！

为什么人造卫星要按预定的轨道运行？

汽车会按交通规则在路上行驶，火车会沿着铁轨前进，天空虽然很广阔，飞机也必须按照已经设定的路线飞行，甚至宇宙中的天体也有自己的运行轨道。所以无论是谁，都要遵守规则，不能违规。

人造卫星也是这样。虽然它不是宇宙中的自然天体，但它也不能违反宇宙的规则呀！人造卫星需要用火箭才能送上天，在进入特定的轨道之后，火箭会和卫星分离。

人造卫星运行的轨道是预定的，根据卫星的不同用途，人们为它们设定了距离地球不同高度的轨道。其实这也很好理解，地球附近有那么多人造卫星，为了使卫星之间互不干扰，让它们按照预定的轨道飞行也是很有必要的呀！

低轨道卫星

人造卫星被火箭带上天后，主要承担着通信、天文探测、导航、监控等任务，它们有自己的专用轨道。轨道设定取决于卫星的任务要求，分为低轨道、中高轨道、地球同步轨道、地球静止轨道、太阳同步轨道、大椭圆轨道和极轨道。人造卫星虽然与地球的自然卫星——月球一样都是卫星，但人造卫星绕地球飞行的速度很快，低轨道和中高轨道卫星一天可绕地球飞行几圈到十几圈，不受领土、领空和地理条件的限制，视野非常广阔。

当然，也有些卫星与地球的自转周期是完全相同的，也就是卫星被发射到天空后，我们看起来它一直在一个位置，这样的卫星被称为静止卫星。比如，目前绝大多数通过卫星的电视转播和转发通信都是由静止通信卫星实现的。

人造卫星是如何飞行的？

地球同步轨道卫星

中高轨道卫星

地球对周围的物体有引力的作用，我们扔出去的东西都会落到地面上。但卫星被发射出去后，却不会因为地球引力落下，那是因为它已经跑出了大气层。当没有空气阻力时，只要速度足够快，物体就永远不会落到地面上来，它会按照抛出的轨道继续前进。人造卫星就是这样，被火箭送往太空后，在它的既定轨道上按照一定的速度绕着地球旋转，也就不会被地球的引力给拉回来了。

人造卫星

怎么才能用肉眼看到人造卫星？

人造卫星进入既定轨道后，就会在轨道上认真工作起来，它自身不会发光，但我们也可以像看到月亮一样找到它。卫星运行到我们的头顶时，如果这时它对面的太阳光特别强烈，正好它被照亮了，而且此时恰恰处于夜间，这时我们就会看到卫星了。找到卫星的最佳时间是在黎明前或者刚入夜时。

其实，我们肉眼看到的卫星与天空中的星星并没有太大区别，只是它不会长时间地停在我们的视野中，因为它的反光能力远远比不上那些恒星，而且它的运行速度也有可能让它一闪即过，成为没有长尾巴的"流星"。

智慧大本营

1957年10月4日，苏联发射了世界上第一颗人造卫星，之后美国、法国、日本也相继发射了人造卫星。中国于1970年4月24日发射了自己的第一颗人造卫星"东方红一号"。

火箭为什么是一级一级的？

小朋友们都玩过气球吧，如果把气球吹起来，然后一松手，它就会满屋子乱飞，直到里面的空气放光才停下来。其实，火箭之所以能够飞起来，也是因为同样的道理呢！

火箭的发动机会向后喷出大量气体，从而推动火箭冲出大气层。但如果只有一个发动机的话动力就太小，根本不够把火箭送到天上去，所以火箭都是一级一级的，每一级都有燃料，烧完一级就扔掉一级，这样火箭就越飞越轻，速度也越来越快。再加上离地球越来越远，地心引力和空气阻力都随之减小，火箭便可以达到摆脱地球引力的速度了。

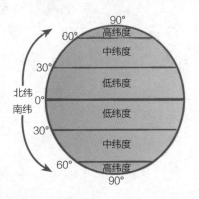

火箭发射场都建在什么样的地方？

火箭发射场可不是随便建在哪里都可以的。一般来说，大部分发射场都要建在中、低纬度地区，这样可以达到事半功倍的效果。

首先，被发射卫星的飞行速度是由运载火箭的速度与地球的转动速度叠加起来形成的。纬度越低，地球的自转速度也就越快，在这里发射卫星会最大限度地节省推动火箭的能量，从而减轻火箭的载重。其次，从低纬度地区向东发射卫星，特别是发射静止卫星时，可以使卫星的飞行轨道与最终的既定轨道在同一个平面内，延长卫星的寿命。

所以，火箭发射场一般都选择纬度较低的地方哟。

90°
60° 高纬度
中纬度
30° 低纬度
北纬 0° 低纬度
南纬
30° 中纬度
60° 高纬度
90°

智慧大本营 ↑

地球自转的速度是非常快的，赤道上的自转线速度高达465米/秒，相当于1674千米/时，比最快的高铁列车的速度还要快上许多倍。所以说，从低纬度地区发射火箭，确实可以省下不少力气呢！

高空飞行的火箭为什么没有翅膀？

　　鸟有翅膀所以能在天空翱翔，飞机有翅膀所以能够飞上蓝天，火箭甚至可以飞到地球之外去，但它却没有翅膀，这是为什么呢？

　　这是由于飞行原理不同决定的。鸟和飞机的翅膀都是用来掌握平衡与确定方向的，而火箭飞上天空是利用了动力与反动力。它在起飞之前就已经确定好沿某个抛物线的轨迹飞行，如果要更改方向也是利用动力与反动力来更改的。所以火箭不需要翅膀，假如安上翅膀的话，反而会增加空气阻力，影响火箭飞行。

智慧大本营

　　中国是古代火药火箭的故乡。早在三国时期，蜀国丞相诸葛亮率军进攻陈仓(今陕西宝鸡东)时，魏国守将郝昭就用火箭焚烧了蜀军攻城的云梯，守住了陈仓。"火箭"一词从此出现。不过当时的火箭只是在箭头后部绑上浸满油脂的麻布等易燃物，点燃后用弓弩射至敌方，达到纵火目的的兵器。

一枚火箭可以发射多颗卫星吗？

目前，美国、俄罗斯、欧洲航天局、中国以及印度都已经掌握"一箭多星"技术，也就是说一枚火箭可以送多颗卫星上天。这些卫星和以前的单颗卫星一样，都是放在火箭顶端的卫星舱中的，只要卫星的总体积不超过卫星舱整流罩的有效安全容积，卫星的总重量不超过火箭的最大载荷量就可以了。

火箭释放卫星的方式有很多，它可以把几颗卫星送到同一个轨道上，然后卫星凭借自身携带的燃料寻找到自己的位置；也可以分次、分批地释放卫星，像公交车一样，不同的站点放下不同的卫星，使卫星进入自己的轨道。

智慧大本营 🌲

中国有四大航天发射基地，分别为甘肃省酒泉卫星发射中心（规模最大）、四川省西昌卫星发射中心、山西省太原卫星发射中心以及海南文昌航天发射场。

为什么航天器进入轨道后就基本不用燃料了？

航天器之所以要装载燃料，是因为这些燃料可以为它提供足够的动力，这些动力是用来克服空气阻力冲出大气层以及"挣脱"地球引力的。太空是真空的，当航天器脱离了大气层之后，就不受空气阻力的影响了。而当航天器进入预定轨道之后，也不再受到地球引力的影响。阻力没有了，自然也就不需要动力了。

不过航天器在运进过程中，轨道的调整是需要燃料的。

79

宇宙飞船里有没有神秘的"黑匣子"呢？

"黑匣子"是飞机的必备品，它能把飞机停止工作或失事坠毁前半小时内的有关技术参数和驾驶舱内的声音记录下来，以便找到空难原因。虽然对于飞机来说黑匣子很重要，但宇宙飞船上却是没有黑匣子的。

宇宙飞船比飞机可要先进多了，飞船上装有一个非常复杂的系统，在其各个关键部位上，都安装着几百个监视传感器，可以将每千分之一秒内的压力、温度、燃耗乃至航天驾驶员的心率、血压等数据，输入到飞船上的数台计算机内，并通过数据中继卫星及时传回地面。而且，宇宙飞船上所有的声频、视频和数据图表也会通过卫星传送回地面控制中心。

所以，宇宙飞船虽然飞上了太空，可地面对它的分分秒秒情况都十分了解，根本用不着"黑匣子"来保存数据。

宇航员为什么要穿特制的宇航服？

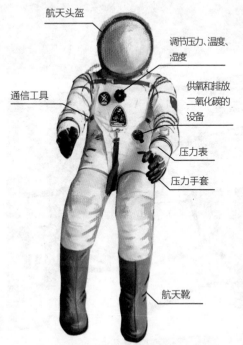

航天头盔

调节压力、温度、湿度

通信工具

供氧和排放二氧化碳的设备

压力表

压力手套

航天靴

宇宙中几乎是真空的，如果不穿宇航服，人类身体内部的压力要远远大于外面真空的压力，这样的话，身体向外膨胀，人体的各种器官就会发生爆破，人也就像炸弹一样自己爆炸啦！

所以宇航员会穿上特制的宇航服，使人体处于加压的状态。而且，宇航服还为宇航员提供了人类必需的氧气，也能控制人体所需的温度和湿度，并且有着防护作用，防止宇宙射线辐射，减小微流星的冲击。最重要的是如果在太空遇到意外事故时，航天服也就是宇航员的生命保障舱了。

智慧大本营 ↑

辐射会对人体产生一定的影响。常见的太阳紫外线辐射会把我们晒伤，电器的电磁辐射会让我们失眠、多梦或者出现其他病症。

在失重的情况下，宇航员能不能进入睡眠状态？

在国际空间站和大多数宇宙飞船上，所有的宇航员都是同时睡觉的，他们将自己的睡袋挂在自己喜欢的地方进行休息。但是，如果宇航员要想在没有重力的地方睡着，还要经过特殊的训练才行。

在航天飞机上，每个宇航员都有一个专门的铺位，当关闭时可以避免外界的干扰。开始，宇航员会觉得很不安，有种压抑感，不过一段时间后就会适应，甚至会出现像地球上一样有重力的错觉。虽然很多时候宇航员要靠安眠药才能入睡，但也有一些人能完全适应环境，可以美美睡上一觉呢！

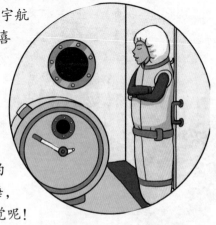

你知道吗，宇航员还能洗"太空浴"呢！

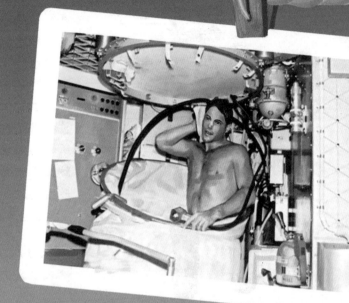

宇航员在太空中也能像在地球上那样洗澡吗？

　　宇航员飞入太空那么长时间，难免身上有异味，而且宇宙飞船的空间那么小，又不能开窗，所以如果长时间不洗澡的话，环境质量一定不好。但如果想要在太空洗澡，那可是件麻烦的事儿。

　　在太空中，宇航员们一般是先用浸有清洁液的毛巾擦身体，然后用没有清洁液的湿毛巾再擦一遍。如果宇航员用毛巾捧起一团水，洒到身上，那么水就会像被施了魔法一样，贴着皮肤"滚"遍全身。

　　当然，也有少数的宇宙飞船是很先进的，上面装有真正的淋浴设施。浴室是一个直径约为3英尺（0.9米）的密封塑胶浴桶，目的是防止水在空中乱飞。宇航员在专用浴室中打开喷头，温水就会从上面喷下来浇到身上，与地面上的淋浴完全一样。

洗完后就可以进入甜美的梦乡了。

宇航员在太空中会做梦吗？

宇航员在失重的状态下，无论是站着还是躺着，任何的姿势都可以进入睡眠，而且无论什么姿势都会有一种四肢脱离躯干的感觉。不过，虽然睡觉的感觉不舒服，可是宇航员也是会做梦的。

许多宇航员回到地面后都讲了自己做梦的经历。苏联宇航员利穆克回忆说，他在太空中曾经梦到与妻子、孩子一起在森林里面采蘑菇。

而且，在太空中梦的颜色似乎与地球上也不太一样。曾经有过2次飞上太空经验的宇航员列昂诺夫说，他在太空中的梦没有一次是彩色的，无论梦境中故事怎样，背景都是黑白的。

智慧大本营 ♦

2003年10月15日9时整，"神舟五号"载人飞船在中国酒泉卫星发射中心升空。这是我国首次进行载人航天飞行，当年38岁的杨利伟是我国自己培养的第一代航天员。

宇航员在太空可以看见万里长城吗？

　　常听人说，从太空看地球时会看到中国的万里长城，它像一条巨龙一样卧在地球上。但是，从理论上来讲，宇航员在太空是完全看不到长城的。

　　长城是蜿蜒曲折的，而在太空中，一些不规则的事物是很难被观察到的。而且，长城平均宽度不到10米，再加上周围地形、环境的影响，很容易被周围的背景隐没。所以单靠肉眼，在距离它20千米以外的上空就已经很难辨认了。到了60千米的上空再观察，长城就已经从人的眼睛中消失了。而一般情况下，宇航员所处的位置最少也得在400千米以外，这就像从飞机上看地面上的一根头发丝一样，是完全不可能的事呀！

在60千米上空长城就已经从人眼中消失了

为什么要在太空中做实验?

宇宙飞船飞到太空有一个重要任务，那就是做实验。因为太空有四个天然条件很适合实验。第一，那里没有空气，绝对真空；第二，太空中没有地球上那样的污染；第三，太空中可以达到零下270摄氏度的低温，这是地球上很难达到的；第四，最重要的是，太空中的实验绝对不会受到地球引力的干扰，在地面上的任何实验室中，绝对排除引力干扰都是不可能的事。

宇宙飞船是在太空中飞行的，把实验带到太空，让实验在与地面上完全不同的环境条件下进行，可以创造出很多科学奇迹。

智慧大本营 ↑

真空指的是没有任何物质的一种空间。地球上只有实验室中才可能存在真空环境。但是在太空，真空才是那里的常态，没有空气、没有灰尘、没有水蒸气，是绝佳的实验环境。

宇宙飞船为什么要加压密封呢?

我们生活在地球的大气层中，这是一个大气压相对稳定的环境，随着高度的增加，气压就会减小，而且人体的血液及内部器官也在一定的压力下存在，如果气压变化的话，无论加大还是减小，人体都难以适应，甚至是危险的。所以，在3000米以上的高空飞行的飞机，都必须用加压的密封舱，这样才能保障飞行员或者乘客的安全。

同理，为了避免气压降低对宇航员的伤害，宇宙飞船必须加压密封。当宇航员走出密封舱时，也必须穿上同样加压密封的宇航服，才能确保生命的安全。

太空食物为什么要压缩？

　　我们吃的食物都是有碎屑或者粉末的，在地球重力的情况下，这些碎屑自然会落到地下。可是在无重力的太空就不一样了，它们会飞在空中，试想一下，当你咬下一口饼干时，那些饼干渣渣一直飞在你周围，该是多么可怕的事儿。而且，如果以地球上的单一食物为宇航员提供营养的话，那宇航员所需的能量是很难保障的。

　　所以，宇航员在太空中的食物都是压缩的。所谓压缩，就是将各种营养物质添加进去，然后经过特别加工，方便宇航员一口吃下去。

　　这些压缩食物在加入一定比例水之后，会恢复原形。里面包含了人体所需的很多营养成分，不仅味道不错，还有利于脾胃吸收。这些"压缩砖"保证了航天员在长期太空飞行失重的状况下有一个健康的体魄。

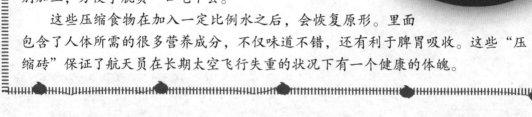

太空垃圾为什么很可怕？

累死了！怎么这么多垃圾啊？

　　垃圾一直威胁着地球的健康，飞在太空的那些太空垃圾更是可怕。20世纪80年代，科学家对在地球轨道和行星轨道上的6194个人造天体进行了调查，结果发现，只有300个卫星尚在运行。也就是说5894颗不工作的卫星飞在地球外的太空中，再加上一些宇宙飞船丢弃的各种仪器残骸，这些东西飘浮在原本清洁的太空中，就成了太空垃圾。

　　这些大大小小的残骸彼此相撞，甚至与卫星相撞，太空垃圾就像滚雪球一样，越撞越多。它们的轨道已经不受人类的控制，时刻威胁着航天器、宇航员的安全，也影响着地面上的无线电传输、雷达等设备的运行……

　　太空垃圾原本是人类不计后果地随意丢弃所造成的，结果这些垃圾直接威胁到了人类在太空中的生存。

航天飞机为什么垂直升空，水平降落？

航天飞机要飞入太空，必须达到第一宇宙速度才能摆脱地球引力，进入既定轨道，所以它的运载工具必须要提供足够的燃料，才能确保航天飞机获得需要的速度。如果航天飞机也采用一般飞机的飞行姿态的话，那么它想要冲出大气层就会耗费更多的燃料，这样它也就会增加更多的负荷。所以，航天飞机都会选用垂直的方式升空，这样既能节省燃料、节约航天飞机的空间，又能保证它以最快的速度前进而飞入轨道。

但是，下降时就不一样了，它不再需要助推力，也不需要加速度，唯一需要的就是稳妥。所以，航天飞机返回时，会像一般飞机的降落方式一样水平滑翔，这样可以减少地面对航天飞机的冲击，保障设备或者人员的安全。

智慧大本营 ♠

所谓宇宙速度就是从地球表面发射飞行器，飞行器环绕地球、脱离地球和飞出太阳系所需要的最小速度，分别称为第一、第二、第三宇宙速度。假设地球是一个圆环，周围也没有大气，物体能环绕地球运动的最低的轨道就是半径与地球半径相同的圆轨道。这时物体具有的速度是第一宇宙速度，大约为7.9千米/秒。物体在获得这一水平方向的速度以后，不需要再加动力就可以环绕地球运动。

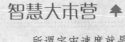

第三宇宙速度

第二宇宙速度

第一宇宙速度
v_1=7.9千米/秒

地球

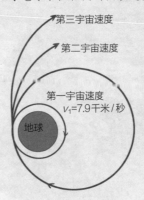

87

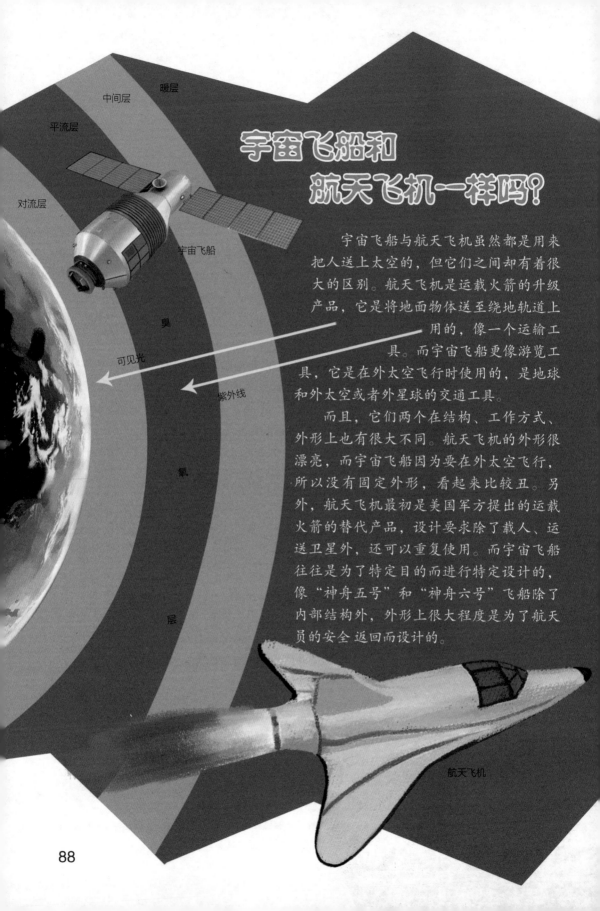

暖层

中间层

平流层

对流层

宇宙飞船

臭

可见光

紫外线

氧

层

宇宙飞船和航天飞机一样吗?

宇宙飞船与航天飞机虽然都是用来把人送上太空的，但它们之间却有着很大的区别。航天飞机是运载火箭的升级产品，它是将地面物体送至绕地轨道上用的，像一个运输工具。而宇宙飞船更像游览工具，它是在外太空飞行时使用的，是地球和外太空或者外星球的交通工具。

而且，它们两个在结构、工作方式、外形上也有很大不同。航天飞机的外形很漂亮，而宇宙飞船因为要在外太空飞行，所以没有固定外形，看起来比较丑。另外，航天飞机最初是美国军方提出的运载火箭的替代产品，设计要求除了载人、运送卫星外，还可以重复使用。而宇宙飞船往往是为了特定目的而进行特定设计的，像"神舟五号"和"神舟六号"飞船除了内部结构外，外形上很大程度是为了航天员的安全返回而设计的。

航天飞机

航天飞机能飞到月球上去吗？

航天飞机同时具备火箭、宇宙飞船与飞机三种功能。它从地面飞起，像火箭一样冲出大气层，来到指定的轨道；然后它像宇宙飞船一样在轨道上飞行着；返回时又变成了滑翔机，轻轻降落。

航天飞机之所以可以像滑翔机一样着陆，是因为地球引力与空气阻力的相互作用。它从外太空飞回进入地球的引力范围时，会有一定的加速度，这个速度很快，但是进入大气层后空气的阻力就将它的这个速度减小了，所以它会像飞机一样落地。也正因此，航天飞机根本没有办法在没有空气阻力的星球降落，比如月球。

当然，航天飞机也到达不了月球，因为它是在近地轨道运行的，高度一般在1000千米以下，离月球还远得很呢！

航天飞机会破坏臭氧层吗？

地球的大气层中有一层臭氧层，是地球的保护膜，它主要集中在地面以上30千米外的高空，可以阻挡太阳的紫外线等来自太空的射线。

从前，在航天飞机以及火箭等的助推燃料中，含有大量破坏臭氧层的化学物质。每发射一架航天飞机，这些都会在臭氧层中散布大量的氯化氢等化学物质，氯化氢遇到自然界中的氢氧基时，会释放出自由氯原子，它们与臭氧发生一系列化学反应，将臭氧变成氧气，但自己本身仍然以氯原子的形式存在，继续破坏臭氧层。因此，随着人类航天技术的发展，航天飞机燃料对环境的破坏已经越来越为科学家们所重视。现在用于航天技术的燃料，燃烧性能更好也更加环保。

智慧大本营

空气阻力也就是空气对运动物体的阻碍力。汽车、火车、飞机等交通工具在运行时，都会与周围的空气形成摩擦，并且阻碍交通工具向前运动。这就是为什么玩具车和纸飞机在向前运动了一段时间之后会慢慢停下来的原因之一。

航天飞机为什么大多数都在清晨返回呢?

航天飞机之所以大多选择清晨返回,是因为清晨比夜间的能见度要高,天空的云很少,视线更加清晰,方便搜寻和观察。而且,清晨是整个白天气温最低的时候,可以降低航天飞机与大气摩擦而产生的高温。

为什么在月球上要使用月球车?

月球车分为无人驾驶和有人驾驶两种,是在月球表面行驶并对月球考察和收集分析样品的专用车辆。无人驾驶月球车由轮式基盘和仪器舱组成,用太阳能电池和蓄电池联合供电。

无人驾驶的月球车根据地球上的遥控指令,在高低不平的月面上行驶。有人驾驶的月球车由宇航员驾驶,主要用于扩大宇航员的活动范围。这样,宇航员在月球上就能完成各种各样的科学考察活动了。

月球车

太空中看到的地球是什么样的?

最初，人们以为自己生活在一块平面上，天像圆圆的锅盖盖在方方的土地上。但随着科学的进步，人们知道了自己生活在一个巨大的球体上，而这个球有着很强的引力，将人牢牢吸住。后来，人类发明了航天飞机、宇宙飞船，终于可以飞出地球看一看地球的全貌了。

从外太空看地球，大气层就像一层薄薄的纱衣一样，白色的云衬着蓝色的海洋、黄绿的土地，一派生机勃勃的景象。而且，地球与它的名字真的很不配呢，海洋占了总面积的71%。所以从外太空看上去，地球其实更像是一个蓝宝石一样的水球。

宇航员在太空中为什么会浮起来?

宇航员在太空中，仍然受到地球的引力作用，存在重力，重力是一种向心力。宇航员在进入太空后，航天器围绕轨道运行的速度很快，会产生离心力。再加上太空中其他天体的引力作用，当这些力达到平衡时，宇航员就会在太空中浮起来。

天文台为什么大多数都在山上?

天文台是人们进行天文观测和研究的机构。世界各国之所以不约而同地把天文台设在了山上,并不是因为这样可以离星星更近点。要知道,与星星跟我们的距离相比,地面和山顶的距离差是极微小的。

地球被一层大气包围着,天文台要通过天文望远镜观测太空,星光就要通过大气才能到达天文望远镜。所以这个过程就会受到大气中的烟雾、尘埃以及水蒸气的波动等影响,这些对天文观测的准确度都是有很大影响的。

在地面上,无论是城市还是乡村都会被人为的灯光照亮,形成光污染,那是很妨碍观测的。所以,天文学家才会把天文台建在远离影响的山上。而且,越高的地方,空气越稀薄,烟雾、尘埃和水蒸气越少,影响就越少,天文观测也就越精确。

智慧大本营 ★

光污染指的是过量的光辐射对人类生活和生产环境造成不良影响的现象。包括可见光、红外线和紫外线造成的污染。在日常生活中,人们常见的光污染的状况多为由镜面建筑反光所导致的行人和司机的眩晕感,以及夜晚不合理灯光给人体造成的不适等。

天文台的屋顶为什么都是半球形的?

一般情况下，我们的屋顶都是平的或者斜的，而天文台却有一个像大馒头似的银白色半球形屋顶。这个有着半球形屋顶的房间是天文台的观测室，球壁上有一个从屋顶中心延伸到屋内的巨大天窗，天文望远镜就是通过这个天窗来观测太空的。

天文望远镜与普通的望远镜不同，它们往往很大，不方便移动。但是，要观测的目标却是分布在天空的各个方向的，所以人们才把观测室造成半球形的，这样方便将天文望远镜转换到不同的方向，观测不同的对象。而且，这样的屋顶又像一个凸面镜，可以把不必要的天然光线分散地反射回去，避免天文望远镜工作时受到不必要的光线的干扰。

为什么有些天文台建在海底?

天文台是用来观察太空的，建在山上还比较容易理解，可是有一些天文台竟然建在了海底。这是为什么呢?

这是因为海底天文台与山上的天文台所观测的对象不同，海底天文台观测的对象是宇宙中的一种神秘物质——中微子。

中微子是一种不带电、质量很小、与其他物质之间的相互作用也极弱的物质，观测到它是一件很困难的事儿。但是，最近人们发现将望远镜安装在海底时，地表的岩石和海水能阻隔来自宇宙的其他粒子的干扰，这样便可以很好地观测到中微子的情况，从而更多地了解宇宙。

很久以前，太阳系没有形成，其中99%以上的物质向中心聚合，抱成一团，形成了太阳。那些剩下的碎片经过很长时间的碰撞、吸引，渐渐抱团、排斥，最终形成了太阳系的八大行星，其中就有我们的家园——地球。

地球诞生之初只是一团混沌的物质，经过了亿万年后，这些物质逐渐冷却下来，凝固在一起，形成了最初的地球。又经过亿万年的变化，在地球中心引力的作用下，地球内部变化，喷出了大量气体，这些气体将地球包裹起来，它就是大气层。一些气体经过化学反应后聚合在一起形成了水，又经过太阳的辐射、地球本身电场和磁场的作用，渐渐地为生命创造了生存环境。随后，水中形成了有机物，这便是生命的祖先！

地球是怎样形成的？

智慧大本营

地球上水比土地多，可它偏偏叫地球，并不叫什么"水土星"。那是因为我们都住在地球上，一开始的时候，人们并不认为脚下的大地是一个星球，而是认为大地是宇宙中的落脚点，而人们也没有看到那么多的海洋，所以才认为这个星球上的土地比海洋多，是个"土球"。

地球上为什么会有白天与黑夜？

宇宙是黑暗的，幸好我们有太阳，它时刻散发出温暖明亮的阳光。不过，虽然太阳时刻在发光，可我们却不能时刻享受阳光，一到晚上，我们就会看到黑暗宇宙的本来面目了。

地球上之所以会有白天黑夜的变化，是因为地球自转的结果。地球是太阳系的成员之一，它除了围绕太阳公转之外，本身也在自转。当我们处于白天时，是因为地球的自转把我们带到了向着太阳的一面，而处于黑夜时，是因为我们正处于背向太阳的一面。所以，当我们处于白天时，地球背面的小朋友们却正在数星星呢！

为什么我们感觉不到地球在转动呢？

我们坐在车上时，会感觉到车在向前移动；我们坐旋转木马时，也会觉得自己在转动。但是，地球每时每刻地都在自转着，我们却感觉不到。人对自己运动的感觉是通过其他物体的相对变化而产生的，也就是说，如果在车中你不向窗外看的话，就不会感觉到车在动。

地球自转时，我们会随着地球一起转，即便以太空中的日月星辰作为参照物，由于它们实在离地球太远啦，人们根本没有办法根据它们来判断地球是否在动。

地球无时无刻不在转动，为什么我就是感觉不到呢？

因为我在转的时候，也会带着你一块转啊。

95

为什么说地球的自转速度是变化的?

一般来说，地球是处于匀速运动中的。比如一年四季的每个昼夜的时间大约都是24小时。但是，现代科学通过精密的天文观测证实，地球的自转速度其实并不是那么均匀的。

第一，地球自转的速度在逐渐减慢。当然，减慢的速度十分缓慢，我们根本没有办法察觉，但通过长时间的对比会发现，地球每过100年自转速度会减慢1~2毫秒。科学家们还说，在3.7亿年前，一个地球年有400天左右，而到了现在，一年就只剩下365天了。

第二，地球一年四季的转速也是不一样的，春天会变慢，秋天会变快。这应该是由季风引起的，就像风车一样，风强时会变快，风弱便变慢。当然，地球的自转速度还有可能受一些影响而发生不规则的变化。对于这些无法预测的随机事件，科学家们也没有办法了。

智慧大市营 ↑

地球的未来与太阳密切相关。太阳中的氢不停聚变生成氦，使得太阳核心的氦在持续地累积，太阳的内核不断增大，光度缓慢增加。预计在未来的11亿年中，太阳的光度将增加10%，按照这个速度，等到再过约35亿年后，抵达地球的太阳光含有的辐射量，将会对地球造成可怕后果，海洋可能会消失。

地球上的水是从哪里来的？

地球上71%的面积是海洋。而这些水来自哪里，众说纷纭，没有一个定论。大部分人认为，水来自原始地球形成初期水蒸气形成的云层降雨，这些雨一直下，下了很长很长时间，地球上低洼的地方就不断积水，形成了原始的海洋。

但是，光靠下雨，似乎很难聚积这么多的水。最近科学家通过观察一个名为利内亚尔的冰块彗星发现，地球上的一部分水可能是由彗星撞地球带来的。利内亚尔彗星的含水量约为33亿千克，全都洒到地球上的话，那可是一个大湖呢！

地球上的水是用之不竭的吗？

其实水和煤、石油等矿产资源一样，在一定的空间、时间内是不可能再生的。如果我们将水用掉了，它就没有了。小朋友们不要觉得我们地球上的水特别多，要知道，地球上的水有97.47%都是咸水，是不方便利用的，而提供我们生活所需的淡水中，有一多半在南极洲上，我们现在还不能利用。我们现在用的水大部分是地下水以及淡水湖、河中的水，而这些水又在被我们自己污染着。

黄河是养育中华民族的母亲河。可是现在，黄河断流的天数每年都在增加，已经有很多城市的小朋友体验到了缺水的滋味。小朋友们，水是十分珍贵的，从我做起，从现在做起，节约本来就不多的水资源吧！

为什么把地球仪做成正球体呢？

地球长得可不像地球仪那样哟，它是一个椭圆球体，如果再形象一点的话，它像一个梨子。而人们之所以把地球仪制作成一个正球体，是因为地球的赤道半径只比极半径长了大约21千米，如果按照实际长度的比例制作一个半径为1米的地球仪，那么赤道半径仅仅比极半径长了大约3毫米，这样小的差距凭肉眼是无法察觉出来的，所以人们干脆把地球仪制成了正球体。

地球在不停地自转，赤道低纬度地区的线速度就会比两极地区大，所受到的离心力也就越大。也就是说，高纬度地区的物质会被地球自转的力量"甩"到低纬度地区。也就是说赤道在逐渐膨胀，只不过膨胀的速度很慢很慢，不易被人们察觉。

智慧大本营 ↑

如果你曾经仔细观察过地球仪或者地图的话，一定会发现上面有一个小小的比例尺。比例尺表示的是图上距离比实地距离缩小或扩大的程度。比如，一张地图上面的比例尺标注的是1:100000，那么就意味着地图上面的1厘米相当于现实中的100000厘米，也就是1千米那么长。在地图上看起来很近的地方，也许要走很久才能到达呢！

南极的陨石为什么特别多?

目前地球上收集的陨石有70000多枚,绝大部分是在南极发现的。为什么南极会有这么多的陨石呢?其实,这是由于南极特殊的自然环境和冰雪地貌,使得陨石更容易保存并露出地表。

南极十分寒冷,就像一个天然冰库,而且又很少有外来生命踏足。陨石在这里不但不容易风化,而且也不容易遭到破坏,所以陨石坠落到这里后,就被完整地保存下来。除了保存外,黑褐色的陨石在南极的淡蓝色冰面上更显眼,易于被发现和收集,而在大陆上的陨石与岩石较容易混淆,发现它们的难度也就更大一些。

为什么南极会有火星陨石?

1984年,科学家首次在南极洲阿兰山发现了一块像垒球大小的火星化石。据研究,大约在1500万年前,一颗小行星或彗星撞击火星外壳,所产生的陨石沿着绕太阳转的轨道运行,后来1.3万年前,它落到南极洲的阿兰山,后来被人们发现。目前,美国科学家通过对火星陨石的研究,发现上面携带着一些非常细小的古老的单细胞生命,因此推断火星上可能存在着生命。

总之,陨石是人类研究宇宙物质及其形成、宇宙和地球相互作用的极其重要的标本。

南极的冰为什么比北极多呢？

南极、北极都是地球上极为寒冷的地方，但南极比北极更冷，而且冰川也更多。这是因为南极地区是一块大陆，储藏热量的能力较弱，夏季获得的热量很快就会辐射掉，这才导致南极周围海洋上的冰块终年不化，进而形成了巨大的冰山。

但北极的陆地却很小，大部分都是海洋。海水的热储存能力比陆地大得多，它可以吸收很多热量，但它的散热速度却很慢，所以年平均气温比南极高得多，所以那些最冷时结成的冰也会在温度高时融化，也就不会形成大范围的冰川。要知道，北极冰川的总体积只有南极的十分之一，而且大部分的冰川也只是储存在格陵兰岛上。

南北回归线代表什么意思?

地球是斜着身子绕着太阳旋转的，所以会造成有时北半球离太阳比较近，有时南半球离太阳比较近的情况。也正因为如此，太阳光直射地球的位置会随时间而发生南北的移动，而这个范围必然有一条分界线，这条分界线就是特殊的纬度线——回归线。

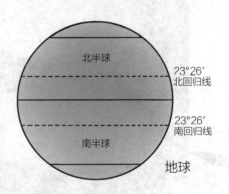

回归线，指的是太阳每年在地球上直射来回移动的分界线，即太阳在南、北半球能够直射到的最远位置。南北回归线分别在南北纬23°26′的位置。每年我们过冬至时，太阳直射点在南半球的纬度达到最大，此时正是南半球的盛夏，此后太阳直射点逐渐向北移动，并在夏至日那一天到达北回归线。

地轴为什么是倾斜的?

关于地轴倾斜的原因说法有很多，而且直到现在仍然没有统一的结论。

有一种说法是，在地球还是一颗小行星的时候，它靠着自身引力吸引了一些更小的天体来壮大自己。这些小天体撞到地球上，其中，最强的一次撞击发生在45亿年前。那一次撞击地球的是一颗很大的小行星，它从侧面撞了地球。在这次撞击中，地球被撞歪了，这个小行星也被反弹出去，与一些其他物质形成了月球。

月球的引力正好与歪着转动的地球达到了引力平衡。也就是说，如果把月球拿走，那么地球就会摇摆不定，甚至会颠倒啦!

还有一种说法是，地球北半球的大陆多，质量大，而南半球大陆少，质量小，所以北半球负重大，使地轴向南倾斜。

除此之外还有很多不同的说法，等着小朋友们长大后考证哦!

2亿年来的大陆漂移图

2亿年前

9000万年前

5000万年前

现在

为什么说很久以前地球上的陆地只有一块？

在地球刚形成时，大地还没有液态水，因此整个地球就是一片陆地。直到后来，地球温度下降，水以雨的形式降落到地面，这才有了海洋。所以说，一开始的地球板块根本就是一块大陆，只是后来被海水与之后因造山运动出现的山脉等分割开来，就出现了今天的地球六大板块。

如果把世界地图上的陆地剪下来，然后拼一拼，你发现了什么？不错，它们竟然像我们玩的拼图一样，几乎可以拼在一起。科学家们研究发现，两个原来在一起的大陆在气候、生物、沉积岩石等方面也是很相似的，比如南美洲的东部和非洲的西部。

为什么大陆板块不能停止漂动？

板块运动可能会引发地震、火山爆发等自然灾害，但如果它们静止不动的话也是一件可怕的事儿呢！要知道，一旦板块停止了运动，地球原本凹凸不平的地形会因为上亿年的风吹雨打，变成没有任何起伏的大平原。没了高山、盆地，生活在这些地方的小动物、花草树木等也会消失，继而那个多姿多彩的自然界也就没有了。

更严重的是，没有了板块运动，说明地球内部的液体内核已经冷却，停止了流动，地球的磁场就会失效。太阳风会吹走地球大气，缺少了大气，地球就不能阻拦来自宇宙的放射线，所有的生物都会暴露在宇宙中，然后被各种宇宙射线杀死，这将是多么恐怖的事呀！

智慧大本营 ◆

板块会运动一是依靠地球当年形成时剩余的热量，二是依靠地球内部放射性元素聚变产生的热量。当然这些能量都是有限的，当地核慢慢冷却，板块运动也就停止了，地球的生命也就渐渐走到了尽头。当然，这个过程是十分缓慢的，那些可怕的事也是在极其遥远的未来才会发生。

大陆为什么会移动？

地球由地壳、地幔和地核构成。地壳由几个坚硬的大板块组成。地幔的上半部分为固体，下半部分由于受地球中心高温高压的影响呈液体状，并以极慢的速度不停地流动。所以覆盖在地幔上层的地壳各大板块也随之缓慢移动，板块之间相互碰撞形成山脉，而碰撞比较剧烈的时候就会引起地震和火山爆发。

地幔对流是海底扩张、板块移动的主要原因。

地球的大陆一直在以肉眼观察不到的速度缓慢移动，运动的动力来源就是地球内部的地幔对流。地幔在地下的缓慢移动，带动了地表处的岩石也一起运动。虽然板块每年移动的速度只有几厘米，但是经过几百万年、几千万年的运动，就会使大陆漂移到数千千米的远方。

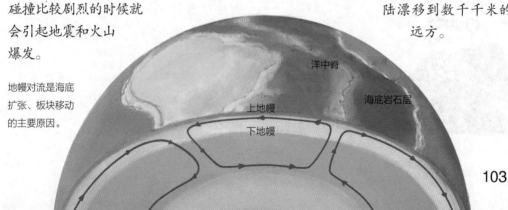

洋中脊

海底岩石层

上地幔

下地幔

103

地球的质量是怎么测出来的?

世界上第一个"称"地球质量的人是英国科学家卡文迪许。他经过深入研究，觉得利用牛顿的万有引力定律才是唯一的办法。可是，在实验室里，采用这种办法是极其困难的，因为没有那么精确的测量仪器。比如两个1千克重的铝球，当它们相距10厘米时，相互之间引力微乎其微，即使空气中的飘尘，也能干扰它的准确度。

有一天，卡文迪许看见几个小孩用镜子反射太阳光玩，小镜子稍一转动，远处的光斑就有了大幅度位移，他茅塞顿开，连忙按照这个原理改装了实验仪器，使测量的灵敏度大大提高。就这样，卡文迪许终于测出了地球的质量，得出了地球质量为5.977×10^{24}千克。

卡文迪许

为什么从岩石中可以得知地球的年龄？

最早之前，人们根据地面上沉积岩的厚度、海水的含盐度以及地球内部的冷却凝固程度来了解地球的年龄，但是从1896年放射性元素被发现后，人们找到了一种用岩石来测定地球年龄的方法。

放射性元素的衰变速率无论在什么样的情况下都是恒定的。简单地说，我们只要测定出地球岩石中放射性元素的衰变程度就可以得出它的衰变经过了多少时间。因为岩石是地球形成之初形成的，而放射性元素的衰变又不会受任何外力的影响，所以这个时间也就是地球的年龄啦。经过科学家们的测算，养育我们的地球的年龄已经有45.5亿岁啦！

地球为什么会发生地震？

要想研究为什么会有地震，就先要搞清楚地球的内部结构。

地球内部结构是指地球内部的分层结构。根据地震波在地下不同深度传播速度的变化，一般将地球内部分为三个同心球层，即地核、地幔和地壳。

地球的中心层是地核，中间是地幔，外层是地壳。地壳与地幔之间以莫霍面为界，地幔与地核之间以古登堡面为界。地震一般发生在地壳之中。地壳内部在不停地变化，由此而产生力的作用，使地壳岩层变形、断裂、错动，于是便发生地震。超级地震指的是震波极其强烈的大地震。但其发生频率占总地震的7%～21%，破坏程度是原子弹的数倍，所以超级地震影响十分广泛，也十分具有破坏力。

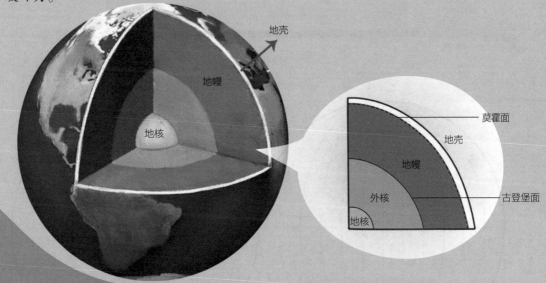

什么是莫霍面和古登面？

莫霍面也称为莫霍洛维奇不连续面，是地壳与地幔的分界面。1909年，南斯拉夫地震学家莫霍洛维奇在研究一次地震时发现，当地震时，地震波在这个界面上突然增大了，由此判断这个界面是地壳与地幔的分界面。古登堡面是1914年由美国学者古登堡发现的，它是地幔与地核的分界面。在这个分界面上，地震波的传播也有着神奇的变化：横波不能穿过古登堡面到达外核，纵波的传播速度则急剧降低。后来，人们为了纪念这两位杰出的科学家，便以他们的名字来命名这两种分界面。

为什么世界各地的时间不相同?

人们习惯把日升日落一轮算成一天，把太阳在正中的时间看作正午12点，并用各种钟表来显示当地的时间。但是，地球是球形的，在它自转的过程中，不可能球面各部分都朝向太阳。所以一个地区太阳已经初升，而另一地区还在半夜。习惯与事实产生了矛盾，所以按照习惯，各地的时钟也自然不同了。比如我们的近邻韩国，他们的时间就要比我们早1小时，我们早上7点起床的时候，韩国已经是8点了，小朋友们已经在跟老师打招呼了呢!

世界时区示意图

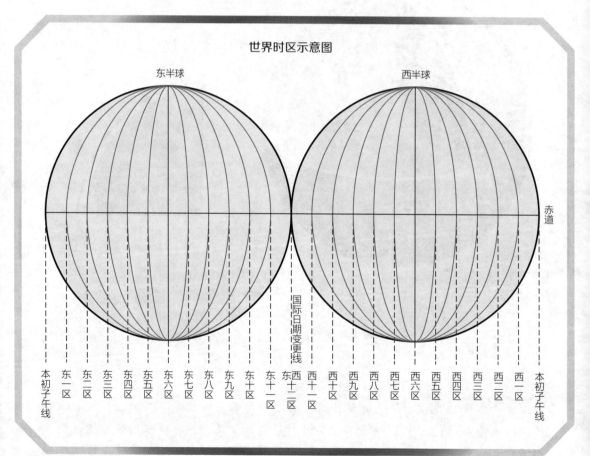

东半球　　　西半球

赤道

国际日期变更线

本初子午线　东一区　东二区　东三区　东四区　东五区　东六区　东七区　东八区　东九区　东十区　东十一区　东十二区　西十二区　西十一区　西十区　西九区　西八区　西七区　西六区　西五区　西四区　西三区　西二区　西一区　本初子午线

大气由什么组成？

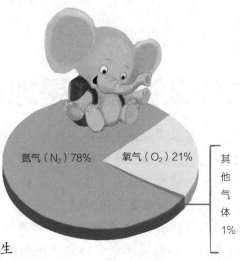

氮气（N_2）78%　氧气（O_2）21%　其他气体1%

大气是由多种气体组成的混合物。我们周围的大气为低层大气，它主要是由干洁空气、水汽和固体杂质三部分组成的。

空气主要是由氮气、氧气、二氧化碳、臭氧等组成，其中氧气最为重要。因为氧气是我们人类以及绝大多数生物维持生命的必需物质，我们吸进大气中的氧气，然后吐出二氧化碳。二氧化碳是所有绿色植物进行光合作用的原料，相当于它们的"气体面包"，而且二氧化碳对地面有保温作用。臭氧可以吸收太阳的紫外线，保护我们不被辐射哟！

在空气中，水汽和固体杂质的含量虽然不多，但云、雨、雾、雪这些自然现象都是它们的功劳呢！

地心温度为什么如此之高？

科学家认为，地球的地幔之下有一个高温的地心，地心内部的物质就是原始地球形成之时的最初物质。它的温度之所以这么高，原因有很多。

第一，地球引力作用。地球引力使地球上的物质产生了向地心的压力，越往地球内部，压力也就越大，这些物质在高压下聚集、碰撞会产生高热。第二，地球内部含有很多放射性元素，它们来自宇宙，在放射性物质衰变的过程中会释放出大量的热，而这些热又不可能很快散发出去，所以地心内部温度越来越高。第三，地壳运动过程中也会释放出巨大的能量，这些能量同样会传向地心内部。

中心点的温度高达6000摄氏度哦！

据估计，地球内部越接近地心温度也就越高，最中心点的温度高达6000摄氏度呢！

为什么说化石是地球历史的见证？

从古至今，地球上的生物经历了无数次的更新，很多古代的生物要么消失，要么进化，我们再也看不到了。但是，地球却有一个神奇的"相册"将它们保存了下来，这个"相册"的名字叫化石，它是地球历史的见证。

化石是保存在地质历史时期的岩层或沉积物中的生物遗体和遗迹，它将古代生物的形状、结构、纹饰或者化学组成成分等都保存了下来。有的化石还可以反映出古生物的生活痕迹，是我们了解历史的通道。比如，恐龙曾经在人类出现之前主宰过这个世界，人类就是通过不同岩层的恐龙化石了解到这些情况的。

三叶虫化石图

潮汐是怎么来的？

地球上的水就像我们的血液一样，海水有时候涨上来，有时候落下去，这就像我们脉搏的跳动一样，人们管这种现象叫"潮汐"。

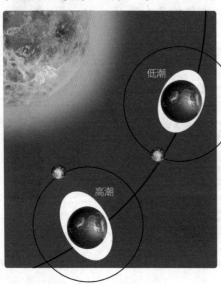

低潮

高潮

月球引力和离心力的合力是引发潮汐变化的主要力量。因月球距地球比太阳近，月球与太阳引潮力之比为11：5。也就是说，小小的月球对地球的引潮力比大太阳还要大呢！

智慧大本营 ✦

在农历的每月初一，太阳和月球全部来到了地球一边，所以就有了最大的引潮力，引起"大潮"。在农历的每月十五或十六附近，太阳和月亮各在地球一边，太阳和月球的引潮力你推我拉，这样也会引起"大潮"。在每月的农历初八和农历二十三引发的海水变化叫"小潮"。

为什么会有极昼和极夜？

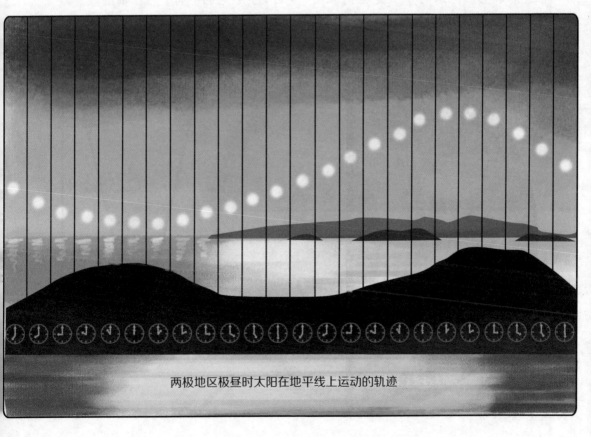

极昼与极夜是由于地球在沿椭圆形轨道绕太阳公转时，还绕着自身的倾斜地轴旋转而造成的。

地球在自转时，地轴与其垂线形成一个约23°26′的倾斜角。所以，地球在公转时两极之中总有一极朝着太阳，每6个月交替1次。朝着太阳的那一极便处在极昼状态下，而背向太阳的那一极则处在极夜状态下。

在极昼出现的时候，那个地区的太阳就会一直在地平线上方转动，不会升到高空，也不会落下。相反，在另一极，太阳始终在地平线以下徘徊，始终处于黑夜之中。

两极地区极昼时太阳在地平线上运动的轨迹

为什么不能在中国的地上钻洞去美国？

在中国的地面上打洞去美国，这个想法虽然很好，但是地球可不答应哟。地球的直径约为12800千米，也就是说，我们这个洞最短也要钻12800千米，这个距离可是一个极难对付的工程哟！人类现在钻得最深的洞也只有15千米，甚至连地球的"皮儿"都没钻透呢！

如果不考虑工程艰难的话，我们看看这条路吧。地球的中心是极高温内核，我们人类现在还没有研究出能抵御这个高温的保护措施哟。而且，地心会受到来自四面八方重量的压迫，人进去后不是被化掉就是被压扁。再加上地心的极大引力，我们从这边去地心时会"咻"地一下迅速，但如果要越过地心的话，那可就难了，因为你要以极高的速度才能离开地心，否则就会被它的引力"拽"回去哦。

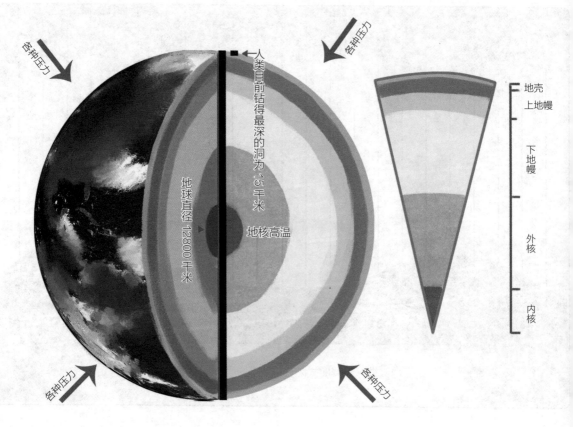

各种压力

各种压力

人类目前钻得最深的洞为15千米

地球直径12800千米

地核高温

各种压力

各种压力

地壳
上地幔
下地幔
外核
内核

土壤是怎么形成的？

地壳的表层原本只有岩石，但这些岩石长期受自然风化的作用，使得它们的结构被破坏和分解，变成了细细的粉末。这些粉末再经过河流的冲积和搬运等作用堆积在一起，成为大小、形状和成分都不相同的松散颗粒堆，这些就是最初的土壤了。当然，这与我们现在见到的土还有很大区别，这些原始土要变成现代的土壤更是经历了很多复杂的变化，比如雨水的浇灌、落叶的腐烂等。

其实，土壤就是从大石块变来的，但是过程不简单哦！

为什么有不同颜色的土壤？

土壤的颜色是由内部所含的微量元素不同造成的。不同地区、不同环境的土壤颜色各不相同。比如，土壤中含有的腐殖质比较多，那它的颜色就会发黑，我国东北大部分地区就都是黑土地，这样的土壤很肥沃，适合农作物生长。相反，如果腐殖质含量过少，土壤就是灰色的，比如我国新疆地区的赤漠土，这样的土壤很贫瘠，不适合植物生长。

土壤中的化合物不同，颜色也不同。如氢氧化铁含量高的话，土壤便为红色、棕色或棕黄色等；二氧化硅、氢氧化铝、碳酸钙等化合物含量高的话，土壤就会是灰白色、浅灰色或者黄灰色的。农民伯伯有时也会以土壤的颜色来判断土地的变化，适当加入缺少的元素以提高农作物产量呢！

各种颜色的土壤

钻石是怎样生成的？

钻石很漂亮，而铅笔芯却很黑，但你知道吗？这两种物质其实是由同一种元素组成的呢！在远古时期，地幔深处的岩浆中含有大量的碳元素。在一定的温度和压力之下，碳的浓度会饱和，于是一些结晶析出，这些结晶就是原始钻石。

要想结晶析出钻石，必须具备很多条件，如要达到5万～7万个大气压，温度要在1200～1800摄氏度等。钻石一般在地壳内部70千米以下形成，然后经过地壳的运动被带到较浅的地层，也就是钻石原生矿啦！

地下的煤是从哪里来的？

森林

压力

泥沙层

腐坏的植物

底层岩石

原古时期，森林中积累了大量的落叶、树枝等，它们堆积在一起，被雨水浸泡而腐烂。经过一年又一年的不断积累，它们越来越厚。再加上沧海桑田的变化，这些腐烂的不知模样的东西被深深地埋在了地下。随着地下的温度升高，这些物质发生了化学变化，它们慢慢地变黑、凝固……

这就是煤的形成过程。煤是植物遗体经生物化学作用，埋藏后再经地质作用转变而成的。虽然说起来简单，但这个过程可是相当漫长的哟！

森林中生长的树木。

→泥沙

树木死亡，被泥沙覆盖。

→煤

经数百万年，树木残骸转化成煤。

煤的形成示意图

为什么南极和北极几乎不发生大地震呢？

在地震史上，地球的南、北极地区还从未发生过大地震。

科学家们经过多年研究认为，原因主要有两点。一是地球以南北两极为轴进行自转，转动过程中，低纬度地区受到的离心力大，地壳深处的岩浆不断向赤道方向挤压，容易造成板块位移，进而产生大地震。两极地区受到的离心力小，不易发生大地震。二是南极大陆板块完整，断层和裂缝较少，而北极地区美洲板块和欧亚板块交界处也较为稳定，不易发生大地震。

智慧大本营

我们居住的地球的外壳并不像鸡蛋壳那样完好，而是像篮球的球皮一样，是由几大板块构成的。这几大板块也并不是固定的，而是在不停地移动。它们之间离得很近，所以在移动的过程中会互相挤压，这就形成了地震。

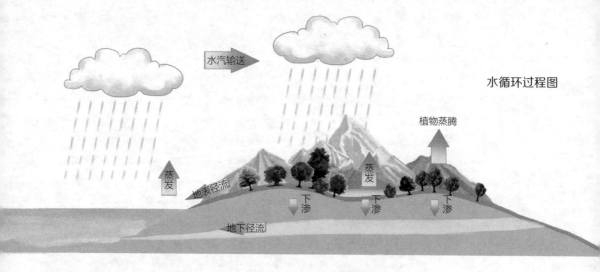

水循环过程图

地球上为什么会有水循环?

水循环是自然界物质运动和能量转化的重要方式之一，把大气圈、水圈、岩石圈、生物圈相互联系起来，对自然界具有重要意义。地球上的水，在太阳辐射的作用下，不断从水面、陆地表面和植物表面蒸发和蒸腾，转化为水汽升到高空，然后被气流带到其他地区，在适当的条件下凝结，又以降水的形式降落到地表，在重力作用下形成地表径流和地下径流。

这种水循环的过程正是体现了自然界物质的运动，促进了能量的交换，而且也可以使水不断地更新，满足生物的生存需要。

喷泉是怎样形成的？

济南被称为"泉城"，那里有很多大大小小的喷泉，喷泉不像小河，不是每个地方都有，要形成一个喷泉，是需要天时地利的哦。

地球形成之初，雨水降落到地面后，沿着地表的裂缝向下渗透，积蓄成地下水，而地下水还会继续深入地底更深处，在地球内部形成了一个庞大的地下水网络。

在地球的深处，是炽热的岩浆，温度极高。有些地下水向下渗透，最终到达这样的高温区。这就像在烤红的铁块上烧水一样，水会迅速被加热沸腾，水沸腾后，便会产生大量的水蒸气。水蒸气越来越多，就会形成巨大的压力。当压力大到一定程度时，就会同地底的泉水一起，从地面的裂缝中涌出地表，并喷到空中，一个漂亮的喷泉就出现啦！

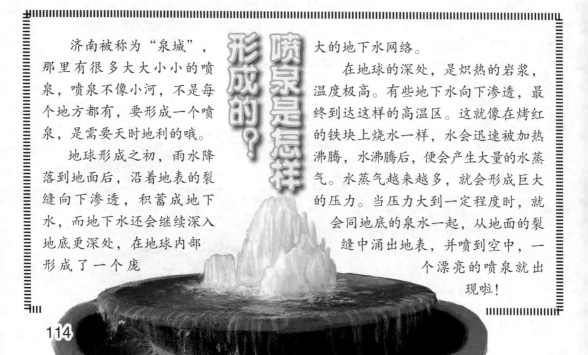

极光是怎样形成的？

在地球两极地区的天空中，常常会出现一些漂亮的光，人们称它为"极光"。这并不是什么神仙的法术，也不是来自外星的光，而是地球周围的一种大规模放电现象。

太阳风会把太阳上一些带电粒子吹到地球附近，地球的磁场对它们有一个排斥的反应，使它们中的一部分沿着磁场线集中到了南北两极上。当这些带电粒子进入两极地区的高层大气时，会与大气中原本存在的一些原子、分子发生碰撞，就形成了瑰丽斑斓的极光。

因为带电粒子是源源不断吹来的，所以它们碰撞的光芒可以持续相当长的时间。在南北纬67°附近的两个环带状区域内都有极光现象。阿拉斯加的费尔班1年之中有超过200天的极光现象，因此有着"北极光首都"的称号。

绚丽多彩的极光

为什么有些城市会突然发生地面塌陷?

地壳运动会引起地面的上升或者下降,但这个速度是十分缓慢的,我们几乎觉察不出来。但是,一些地区竟然出现了大面积的地面塌陷,这是什么原因呢?

其实,这也是一种地壳运动的结果,但人为的作用更大些。发生地面塌陷的城市大部分为工业城市或者是石油、天然气及煤炭的开采区。工业城市开凿深水井,使地下含水层中地下水被抽走,形成空隙;产煤和石油的地区,地下过度开矿采矿,使得地壳下面形成空洞。受到上部的土层压力,含水层中的孔隙压缩,便出现了地面塌陷。

智慧大市营 ←

地面塌陷与人类的经济建设密切相关。目前,我国有数十个城市发生过不同程度的地面塌陷,范围遍及全国,尤其是经济发达的长江三角洲地区和华北平原。另外,汾渭盆地的形势也很不乐观。

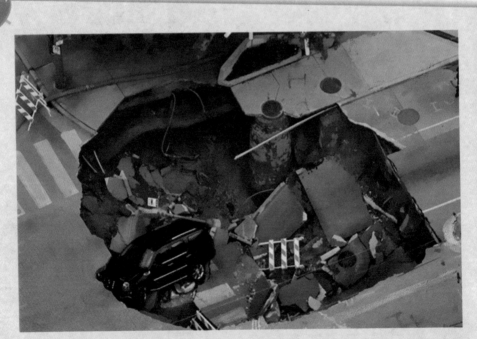

地面发生塌陷

据科学家说，形成瀑布的原因很多，主要原因是，组成河床底部的岩石软硬程度不一致，一些较软的河床被河水冲击侵蚀得厉害，便与坚硬的岩石对立起来，形成了悬崖。当河水流到这里时，便会从坚硬的岩石上一下"砸"到软的岩石上，瀑布便形成啦！

随着时间的推移，较软的岩石被越冲越低，而坚硬的岩石也因为不再承担水流的压力而减缓侵蚀。就这样，瀑布越来越高，最后便像挂在了山上一样。

瀑布是怎么形成的？

为什么沙漠里的沙子有不同的颜色？

人们常用"黄沙漫天"来形容沙漠。其实，沙漠中的沙子并不都是黄色的，彩色的沙粒也并不少见。因为沙漠中的沙粒都是由于土壤干枯或者岩石风化形成的，土壤或者岩石都会有不同的颜色，当然沙漠中的沙子颜色也会不同啦。

如果沙子里含铁，铁被氧化之后，沙子就会变成红色；如果沙子里含石膏质，石膏晶体被风化后，沙子就会变成白色；如果沙子由黑色岩石风化而成，那么沙子就会是黑色的。

沙丘为什么会移动？

　　沙漠里面的沙丘可不是固定待在一个地方的，所以如果去沙漠中遇到大风时，千万不要躲在沙丘边，因为这样的话，要么你睁开眼睛时沙丘不见了，要么就是你被埋在沙丘下面了！

　　沙丘之所以会移动，是因为它的组成成分主要是沙子，而且沙粒中间有很大的空隙。沙漠中的风很强，在风力的推动下，沙子就会往前滚动，迎风面的沙子在风力的推动下，不停地越过沙丘顶部，越过后因为沙丘阻挡了风便无力再往前，只能沿着沙丘顶部向背风处滑下去。这样沙子源源不断地移动，沙丘便奇迹般地在沙漠中"跑"了起来。

沙丘

什么是平原？

　　平原是相对于高山和盆地来说的，它指的是一些海拔较低的平坦的地区，海拔低于500米的地区都叫作平原。海拔低于200米的平原叫低平原，在200～500米之间的平原叫高平原。

　　我国有三个最主要的大平原，这三大平原都分布在东部，分别为东北三省所在的东北平原，北京、河北等所在的华北平原，以及位于长江流域的长江中下游平原。

平原

盆地是怎样形成的？

盆地，看到名字就能想出它的样子，这些地区四周高、中间低，整个地形像一个大盆。盆地的四周一般有高原或山地围绕，中部是平原或丘陵，所以才会形成这样的独特地形。

有些盆地是在地壳运动时自然形成的，比如我国新疆的吐鲁番盆地。而有些盆地是经冰川、流水、风等冲刷或者侵蚀而成的，比如云南的西双版纳景洪盆地，就是由澜沧江的支流冲刷侵蚀而成的。

特殊的地形为盆地创造了优越的自然条件，所以这里的资源比一般地区更加丰富，因此人们也常用"聚宝盆"来形容盆地。

盆地

除了沙丘、平原和盆地，高原、山地也是常见的地形呢。

119

为什么测量山的
高度要以海平面为基准？

说到山的高度时，我们最常用的一个词是"海拔"，也就是以海平面为标准零米开始向上量得出的数值。试想一下，如果我们以陆地上的任何一个点，或者从所要量的山脚下取零米的话，那么各地得出的数值肯定不一样，也就没有一个标准作比较！所以人们想到了用海平面作为测量的起点。

海平面虽然也会发生变化，但年平均海平面的位置通常是不变的，而且全国甚至全世界的海平面高度都相差不大，所有大陆和岛屿又被海洋包围，所以最简单的方法就是用海平面作为基准来测量山的高度。

智慧大本营

我们在测身高时是以地面为标准零米开始量的，因为我们站在地面上时是相对平等的，而且那个作为标准起点的零米也很容易找到，没有必要以海平面为标准，所以人的身高不能以海拔来论哟。

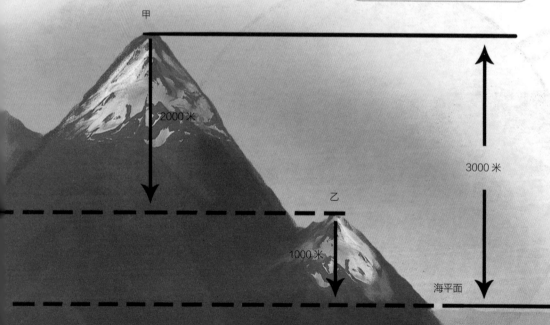

海拔和相对高度示意图

什么是喀斯特地貌？

"喀斯特"原本是前南斯拉夫西北部伊斯特拉半岛上石灰岩高原的地名，这个地区的岩溶地貌特别典型，后来"喀斯特"便成了岩溶地貌的代名称。

喀斯特地貌是指一些可溶性岩石在受水的溶蚀作用和一些其他作用的影响下形成的独特地貌，比如我们见到的一些溶洞、石芽、石沟、石林、峰林等都是这种地貌。我国的广西、贵州、云南等地广泛分布着喀斯特地貌，是世界上喀斯特地貌发育最典型的地区之一。

喀斯特地貌图

钟乳石地貌图

钟乳石是怎么形成的？

小朋友们有没有见过冬天挂在屋檐上的冰凌柱呢？那是因为天气比较寒冷，水从屋檐上落下时遇到冷风结冰，然后就形成了一个个上圆下尖的小冰柱。其实钟乳石形成的原理也是这样的。

在有钟乳石的溶洞中，洞顶有很多裂缝，每一处裂缝都会有水滴滴下，而这些水滴中含有很多溶于水的碳酸氢钙。裂缝中水滴下的速度很慢，水分蒸发却很快，当水蒸发后就会留下一些石灰质的沉淀。久而久之，洞顶上的石灰质越来越多，变成了一个个小小的石球。这些石球越垂越长，就形成了姿态万千的钟乳石啦！

什么是雅丹地貌？

"雅丹"是维吾尔语，它的意思是"具有陡壁的小山包"，"雅丹地貌"指的是一种风蚀性的地貌。

风有一个很大的特征，越接近地面的地方会越大，所以越接近地面风的磨蚀作用也就越大。一些小山包在风蚀的作用下，底部逐渐向里凹，因为山包的下部比上部受风蚀的影响更大。而小山包上部的岩层也会松散起来，在地球重力的作用下，很容易垮塌形成一种很陡的峭壁，这便形成了雅丹地貌。

雅丹地貌往往有着奇特的外观，很像古代的城堡，所以也有"魔鬼城"的俗称。

树林是由一棵棵的树木组成的，而土林顾名思义便是由土柱形成的。这些柱子是由土一样的堆积物塑造起来的，往往成群成堆，看着像树林一样，所以便称为土林。

土林是在干热气候和地面相对抬升的环境下，地表一些深厚的松散碎屑沉积物被暴雨冲刷切割而分成的破碎地形。这些沉积物的顶部有铁质风化壳，或夹铁质、钙质胶结沙砾层，所以下面的土层不会垮塌，形成了独特的土林地貌。土林一般出现在盆地或谷地内，在我国以云南元谋土林最为典型。

土林是怎样形成的？

冰山为什么只露出一角？

海中的冰山往往会藏在海水中，只露出一个小小的角，很多船只看不到便会发生海难，最经典的如电影《泰坦尼克号》中的船遇难就是撞到了冰山上。为什么冰山不堂堂正正地露出水面，却只露出一个小角呢？

那可不是冰山故意的哦！冰的密度大约为水的90%，也就是说，同样体积的冰比水要轻10%，所以冰可以漂浮在水上。又因为冰只比水轻了10%，所以它能够浮在水面上的体积也只能占自身体积的10%，即十分之一，当然只能露出一角啦！

地下为什么会有水呢？

在地球形成初期，岩石之间有很多空隙，而且岩石中也会散发出水分，留下空洞。雨水落下后自然就会渗到岩石的缝隙和空洞中，再经过地壳的变化，水被留在了地下，便形成地球庞大的地下水系。它们埋藏在比较深的地方，流动于两个隔水层之间，这种地下水往往有很大的水压，只要给它打开一个缝隙，便会喷出来。所以我们可以靠钻井取水的方法来获取地下水资源。

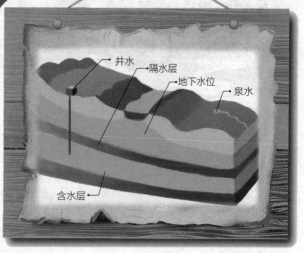

井水　隔水层　地下水位　泉水

含水层

热腾腾的温泉是怎么形成的？

温泉可是大自然送给我们人类的礼物。一般从地下喷出的泉水都是清凉的，可温泉却是有一定温度的，那说明它已经在地下加温了，是什么给了它温度呢？当然是地下的热能啦！

地壳的长期运动会产生热能，这些热能被地下水吸收后会提高水温，这就是温泉热量的来源。而大部分情况下的温泉都与火山和晚期岩浆活动有关，在岩浆遇到地下水后，就会降温，而地下水就会升温，当这些升了温的地下水顺着地壳上的缝隙喷出时，就形成了温泉。

智慧大本营 ↑

海底也有温泉，或者叫热泉，它们多在海洋的洋中脊周围，这里是多火山、多地震区，岩石很容易破碎，海水就能通过破碎带向下渗透，渗进去的冷海水受热，然后变成了热泉从海底钻了出来。

沙漠里为什么会有绿洲?

夏天, 沙漠周围高山上的冰雪融化, 雪水会顺着山坡流淌形成一条条河流。当这些河水流经沙漠时, 就会渗入沙子中变成地下水。这里的地下水不会渗透到更深的地方, 因为它会很快到达不透水的岩层, 水顺着岩层流到沙漠低洼地带后, 便会出现在地面上, 形成水洼。再加上远处雨水也会渗入地下, 低洼地带的水也会越聚越多; 当地壳变动时, 不透水的岩层断裂, 原本储存在地下的水也会透出地面, 流到低洼地带。

低洼地带有了水, 一些植物自然在这里落户, 人畜也会常常在这里落脚, 给沙漠增添了生机, 形成了一个个绿洲。

如果两极的冰川融化, 会发生什么事?

企鹅阿姨, 这边的情况也很糟糕呢!

如果两极冰川都融化的话, 那么海平面就会上升, 陆地就会被淹没, 也许现在地球上的一些小岛就会消失, 甚至沿海地区也会消失。

除此之外, 海水吸收太阳热能的能力比陆地更强, 海水面积扩大后, 地球储存的热量也会变多, 温

唉, 南极的冰块越来越少了, 我还是去北极住吧!

室效应也会越来越严重, 地球越来越暖和, 那么冰川将继续融化。如果两极的冰川全部融化, 海平面将会上升约60米, 那将是巨大的灾难。另外, 一些科学家认为, 冰川中沉睡着一些几百至几万年前的微生物和病毒, 一旦冰川融化, 这些微生物和病毒便会暴露出来, 那么人或者动物都将面临重大危机。

草原为什么会退化成沙漠?

世界上最大的撒哈拉沙漠，位于非洲。可是，小朋友们知道吗？那里在几千年前曾经是一个大草原呢！当时，那里的资源十分丰饶，河流也很多，土地也特别肥沃，但是，现在的撒哈拉却已经成了一望无际的大沙漠，这是什么原因呢？

一般，在天然草原上，动植物是处于平衡状态的，一旦这个平衡被破坏，便会给草原带来致命伤害。草原上的优质牧草吸引了许多人放牧，但是人们却不节制地过度放牧，过度消耗牧草资源，打破了草原本来的平衡。优质的牧草被吃光，牛羊为了吃饱只好啃食草皮，这样光秃秃的地面被露了出来。经过长时间的风吹日晒、水土流失，草原便慢慢退化，最终退化成了寸草不生的荒漠。

为什么西北风特别冷？

在我国，西北地区多为陆地，而且纬度越高，吸收的太阳热量也就越少，所以越往北越冷。西北风是从西北地区刮来的风，这里的空气都是偏冷的，而且我国西北部多为沙漠，并且距离海又远，那里的空气特别干燥。当西北风刮起时，寒冷而又干燥的空气随之吹来，又干又冷。所以西北风一刮天气就要变冷啦！

火山爆发为什么会影响气候？

火山爆发时会喷出大量的火山灰和火山气体，它们对气候有着极大的影响。火山灰和火山气体被喷到高空中去，它们就会随风散布到很远的地方，厚度可达0.5～3千米，甚至会在那里飘荡一两年。厚厚的灰尘遮住了太阳光，这些地区所接收的太阳热量就会减少，再加上火山灰可以将空气中的水蒸气凝结成云，这个地区充满火山灰时，便很容易阴云密布或者下雨，云雨多了，阳光带来的热量也就变得很少了。所以当火山爆发时，这个地区自然会变得比以往要冷许多。

冰岛为什么
不是很冷呢?

　　"冰岛"这个名字的由来并不是因为它是由冰做成的小岛，也不是像冰块那样寒冷的小岛，而是因为当年一群海盗发现这个岛屿的四周都是冰川，所以才取了"冰岛"的名字。但是冰岛"外冷内热"呢，上面有丰富的地热资源，冰岛不冰的确是事实哟!

　　冰岛处于冰天雪地之中，是因为它长年不受太阳直射，得到的太阳热能很少。但是，这里却是一个火山特别活跃的地区，全岛有200多处火山，其中活火山约30座，历史上有记载的火山喷发活动就有150多次。也正如此，冰岛下流淌着无数的温泉，冰岛人民像是住在安装了"地暖"的城市一样，当然不会觉得特别寒冷啦。

智慧大本营 ↑

　　冰岛属于欧洲国家，位于北大西洋中部，靠近北极圈。冰岛是著名的旅游国家，在这个岛上人们可以领略到千姿百态的自然风光，比如冰川、热泉、冰原、雪峰、火山、瀑布等。

美国为什么总是被龙卷风袭击?

在动画片《绿野仙踪》里,主人公桃乐丝连同她的房子一起被龙卷风带到了天上,然后落到一片陌生的土地,开始了冒险。在现实世界中,龙卷风是一种很可怕的天气,它拔树倒屋,摧毁人们的家园,危害性极大。

美国是发生龙卷风最多的国家,据气象统计,全球有75%的龙卷风都发生在美国,平均每天发生5次,美国也因此被称为"龙卷风之乡"。这主要和它的地理环境有关。美国东临大西洋,西靠太平洋,中间是一片南北走向的大平原。其中中南部平原每年夏季受到副热带高压影响,气流上升,而西南部又有来自墨西哥湾源源不断的暖湿气流,很容易形成雷雨云。当雷雨云聚集到一定强度后,再加上平原地势,就很容易形成龙卷风。而美国中南部的平原也被称为"龙卷风走廊"。

为什么会有"雷雨隔条街"的现象?

夏天,我们常常会遇到一种奇怪的现象,我们所在的街道下着暴雨,而街道的另一面却一滴雨没有下,这种现象就是俗称"雷雨隔条街"的现象。

这种现象是因为雷阵雨是由对流云形成的。这种对流云必须有很大的厚度,而且范围也不会太大,这样下雨时的范围就会很小。就像动画片中灰太狼发明的下雨云一样,站在这种云下时就会暴雨滂沱,而这片云外就会一滴雨没有啦。

> 下雨了吗?

> 是啊,你那里没下吗?

这是由昆明的地理位置和地形特点决定的。昆明处在北纬24° 23′ ～26° 22′ 的地区，常年可以接受太阳的照射，而且光照特别均匀，不会太多，也不会太少。

夏季受来自印度洋的西南风和东南风的暖湿气流影响，阴雨天多，云雨减弱了太阳辐射，日照少，地面温度不易上升，雨水的蒸发也带走了不少热量；加上地处海拔1000多米的云贵高原，气温随高度上升而降低，所以夏季温度不会很高。冬季昆明等地上空盛行西风，这样的气流会把附近印度半岛的干暖空气引导过来。

昆明为什么四季如春？

另外，昆明地处云南东部，云南北部和东部的高大山脉梁王山、乌蒙山等又能阻挡着北方冷空气南下，因而晴天多，空气干燥，日照充足，气温较高。

夏季不热，冬季不冷，当然四季如春啦！

智慧大本营

地球上划分四季是由气温的改变而决定的。当太阳直射，大地温度达到最高值时，一定是处于夏季；相反当气温达到最低，冰雪覆盖时一定是在冬季。但这样明显的四季只有在温带地区才会看到，热带或者寒带地区的人们，就不会感到明显的四季变化。

吉林为什么会有雾凇？

冬天早晨有雾的话，雾气消散时会落到一些树枝上，形成银色的"树挂"，这是雾气遇冷凝结成的冰晶。最美的树挂要数吉林的"雾凇"了，最奇特的是那些雾凇会"挂"很长时间，而且景色特别壮观。

到了冬季，虽然松花湖上的冰面已经被冻住，但是冰层下面几十米深的水里水温却不低，下面的水温与地面的温差达到了30℃左右，于是，市区以内几十里的地区江面并没有封冻，温差使江水产生了雾气。由于气压、风向、温度等条件的影响，雾气遇冷凝结在沿江十里长堤的松树枝上，便形成了大片的雾凇奇观。

华北地区为什么有春旱？

在华北地区，雨水主要是依靠来自太平洋的东南季风带来的水汽形成的。但是，东南季风在春天时主要吹向了华南地区，很难到达华北地区，所以造成了华北地区降水少的现象，也就是常说的"春雨贵如油"哟！

降水少但蒸发并没有停，随着天气的转暖蒸发量变大了，当蒸发量大了降水量时，自然就会出现旱情。再加上华北地区的重工业十分发达，人口也很多，春耕时期用水量就会特别多。天上不降雨，用水量加大，华北地区的春旱便由此形成了。

为什么说秦岭—淮河是我国气候的分界线?

秦岭—淮河是我国南北方的分界线，无论是自然条件、农业生产方式，还是地理风貌以及人民的生活习俗，南、北方都有明显的不同，最重要的是，它更是我国气候的分界线。

逶迤绵长的秦岭山脉阻挡了从南面来的湿润气流，所以，秦岭南坡，位于山地迎风坡，降水量大；秦岭北坡，处于背风坡，降水量少。而且，秦岭—淮河以南的地区纬度低，太阳高度角大，接受的太阳辐射多，所以年平均气温较高；秦岭—淮河以北的地区纬度高，太阳高度角小，接受的太阳辐射少，所以年平均气温较低。因此，秦岭—淮河一带便形成了我国南北气候的分界线。

海星为什么能吃掉岛屿?

海星是一种像小星星一样的海洋生物，它竟然可以把一个岛屿给吃掉。在南太平洋上，有很多的珊瑚岛，有些小岛前几年还巍然屹立，随后人们竟然发现它们在一点点缩减，有的甚至消失了。科学家调查研究后发现，这些小珊瑚岛竟然是被海星吃掉的!

这些吃掉海岛的大海星与我们常见的海星不太一样，它们有1米左右，身体很大，最喜欢吃珊瑚虫和珊瑚礁，而且特别能吃。像这样的一只大海星，一昼夜就可以吃掉2立方分米的珊瑚礁呢! 而南太平洋上又有很多这样的大海星，当它们争抢着啃珊瑚礁时，这些小珊瑚岛就招架不住啦。甚至有些大海星从珊瑚礁的根部开啃，珊瑚礁断了根，结果被洋流冲走了。

唉，这种连吃带浪费的吃法，还真让人无奈呢!

地球上为什么有那么多山?

　　我们生活的地球,陆地面积只占整个地球表面面积的三分之一左右,而山地面积又占陆地面积的近三分之一,可见地球上的山是很多的,但是从哪里来了那么多的山呢?

　　那就要看看山的形成了,地球并不是一个完整的球形,陆地是由很多像七巧板一样的板块拼成的,而这些板块会在地壳内部随着地球自转而不停地运动。某些地区正处于板块相接处,因为板块运动,这时就出现了两个板块相互挤压的现象。在这个过程中,板块很容易发生断裂,在断裂的两侧相对地上升或下降,就会形成山脉。

　　地球上板块很多,而且内部运动也在时时刻刻地发生着,因此才会形成这么多的山。

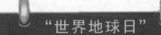

"世界地球日"

智慧大本营 ↑

　　4月22日是"世界地球日",每年的"地球日"没有国际统一的特定主题,它的总主题始终是"只有一个地球";面对日益恶化的地球生态环境,我们每个人都有义务行动起来,用自己的行动来保护我们生存的家园。

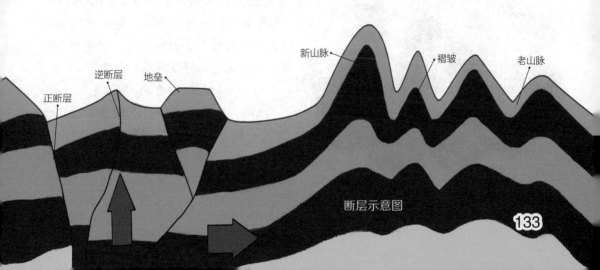

正断层　逆断层　地垒　新山脉　褶皱　老山脉

断层示意图

云南、贵州、广西、重庆一带的天坑是怎么回事？

近些年来，人们在各地发现了一些奇怪的大坑，称为"天坑"，它们有时会在一夜之间就形成，有的是经过一段时间之后莫名其妙地形成的。根据天坑的形态可以分为塌陷型和冲蚀型两类。当然，天坑不是哪儿都可以出现的，如果要形成天坑必须具备以下几个条件。

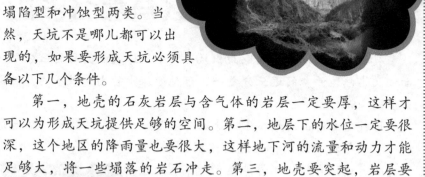

第一，地壳的石灰岩层与含气体的岩层一定要厚，这样才可以为形成天坑提供足够的空间。第二，地层下的水位一定要很深，这个地区的降雨量也要很大，这样地下河的流量和动力才能足够大，将一些塌落的岩石冲走。第三，地壳要突起，岩层要平。天坑实际是地壳的岩层垮塌形成的，与地面平行的岩层才有可能因失去支撑力和地壳的运动而垮塌。

为什么峨眉山会有"佛光"？

峨眉山"佛光"又称峨眉宝光，它是一个七彩光环，人影在光环之中，而且光环还会随着人影的移动而变幻。佛经所说的佛光是从佛祖眉间放射出来的光，当然，峨眉山的七彩光环并不是佛祖的佛光，而是一种特殊的自然现象。

其实，当太阳在人的身后时，人影就会投射到人面前的云彩上，云彩中的小冰晶和小水滴就会形成类似彩虹一样的光环。这个光环与我们平时看到的半个彩虹不同，它是整个圆环，人影也就正好在圆环之中了。

所以，如果要看到"佛光"，阳光、地形、云海等众多自然因素必须配合得恰到好处，缺一不可。而峨眉山的舍身崖正好具备了这些条件，所以每到雨雪之后，我们常会在峨眉山看到"佛光"。

为什么有的山上会开梯田？

山实际上是由于地球的板块挤压而形成的，而在耕地面积缺少的情况下，在山坡上种田无疑是件不错的事儿，于是人们在山上开了梯田。

梯田是在山坡上分段沿等高线建造出来的一种阶梯式农田，它不仅扩大了耕地面积，而且对治理山坡上的水土流失有着很好的作用。特别是梯田的通风透光条件好，更有利于农作物的生长和营养物质的积累。而不同高度的梯田也可以栽种不同的农作物，使农民的收入更多样化，是有百利而无一害的好事。

智慧大本营 ↑

水土流失是指在水力、风力等外力作用下，水土资源和土地生产力的破坏和损失。植物覆盖比较少的地方就很容易出现水土流失现象。

黄山为什么有那么多奇峰怪石？

黄山群山林立，自古就有"三十六大峰，三十六小峰"的说法。黄山上的奇峰怪石令人赞叹，它们是经历了漫长的造山运动和地壳抬升，以及冰川和自然风化作用才形成的。

主峰莲花峰海拔1864.8米，与平旷的光明顶、险峻的天都峰一起成为黄山众多山峰的中心。它周围还环绕着77座千米以上的山峰，形成了一幅令人叹为观止、气势磅礴的风景画。

华山为什么特别险峻？

华山是秦岭山脉中的一座山峰，海拔2154.9米。打开全国的地形图会发现它在我国众多山峰中海拔不是很高的，但是每个到过华山的人都会被它的险峻吓到。为什么海拔并不高的华山地形却这么险峻呢？

地质专家发现，华山脚下的渭河平原海拔仅有300多米，而与拔地而起的华山主峰海拔2000多米的高度相比，高度差竟有1700多米。所以看起来十分险峻。而那些地处高原的山，虽然海拔很高，但是相比高度差并没有很大，以致看起来并不是那么险峻了。

智慧大本营

渭河平原又叫关中平原，地处陕西省中部。东西长300千米，平均海拔约500米，西窄东宽，号称"八百里秦川"。这里自古灌溉发达，盛产小麦、棉花等，是我国重要的产粮区。

山上的圆石头是怎样形成的?

地球从诞生之日起，经历了无数沧海桑田的变化。所以现在虽然是高山的地方，也许在远古时代就是一片低地，或者是小河。河水带着山上的许多碎石头跑向各地，在这个途中，石块与石块之间，或者石块与河岸的岩石相互碰撞和磨蚀，周边的棱角被磨掉了，久而久之，这些碎石块就变得圆滑起来。

到了河流平缓的地方，水流速度变慢了，河水搬不动小石头的时候就会把它留下来。这些小碎石就是我们最常见的鹅卵石。之后，地壳发生了剧烈运动，平地被抬高成为高山，那些小圆石头自然也就随着地面上升，跑到了高山上啦!

137

太湖石上的小洞洞是怎样形成的？

太湖石属于石灰岩，它非常容易受到外来力量的影响。

比如，如果石灰岩长期受波浪冲击的话，它里面所含的主要成分碳酸钙，可以溶解到含有二氧化碳的水里，经过流水的不断冲击和溶蚀，石灰岩中比较软的部分被溶蚀成洞，而硬的部分被保存了下来，于是经历了漫长的岁月之后，石块上便出现了许多小洞洞。这就是太湖石玲珑多姿、千奇百怪的原因。

为什么说喜马拉雅山是从海里升起来的？

考古学家及科学工作者在喜马拉雅山陡峭的崖壁上以及幽深的山谷里，都发现了很多原本属于海洋的生物化石，比如三叶虫、鹦鹉螺、珊瑚、苔藓虫、海胆、海藻和鱼龙等。它们告诉我们，这座世界屋脊的所在地曾经是一片汪洋大海。

海洋之所以会变成山脉，还是依靠了地壳运动。大自然真是伟大，在百万年前它完成了沧海桑田的变化，完成了造山运动。据估计，喜马拉雅山地区百万年来大约上升了3000米，平均每1万年约上升30米。

东非大裂谷是怎样形成的？

东非大裂谷，从名字上我们便可以知道，这个山谷应该是因地壳断裂而形成的。非洲东部正处于非洲板块与印度洋板块分离的地方，地幔物质上升分流，产生巨大的张力，将地壳撕裂开来，逐渐形成了一个裂谷带。

这个裂谷带开裂开始可能很窄，但它在板块运动的作用下，以每年2～4厘米的速度继续向外扩展，于是形成了现在我们看到的大裂谷。据地质学家研究，大裂谷依然在不断地开裂中，也许某天，它会将非洲分裂呢！

东非大裂谷是世界上最大的裂谷带，被称为"地球的伤疤"。

黄土高原的黄土是从哪儿来的?

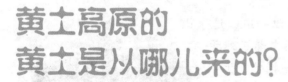

有人认为是当地岩石风化造成的，这块高原形成的历史十分悠久，自然经历的风化时间也很漫长，天长日久，完全有可能使当地的岩石逐渐风化成粉末，堆积成厚厚的黄土。也有人认为黄土应该是由流水挟带的泥沙堆积形成的。因为在一些黄土的地层剖面上，可以明显地看到分层，这种分层就是流水形成的。

但是这两种说法的理由都不充分，我国专家研究黄土后认为，黄土应该是由风从其他地方搬运来而堆积成的。因为黄土高原地区气候比较干旱，而且风很大，通过不同的土层可以知道，越是向着东南方的土质越细，越是接近沙漠地区的土粒越粗。所以，风搬运的说法更加确切，理由更充分。

智慧大本营 ↑

我国黄土高原东起太行山，西至乌鞘岭，南连秦岭，北抵长城，面积为60多万平方千米，占世界黄土分布的70%，是世界上最大的黄土堆积区。黄土高原矿产丰富，煤、石油、铝土储量大，是重要的能源、化工原料基地。

火山口为何有 "地下森林"？

火山口中竟然会是一个动植物的天堂，因为这里有一个 "地下森林"，恐怖的火山口怎么会出现这样美好的画面呢？

原来，火山口的内壁岩石，经过长期风化剥蚀，早与火山灰等物质一起变为肥沃的土壤。一些衔着各种植物种子飞越火山口的群鸟，会不小心把种子掉到这里，种子在肥沃土壤的滋养下，逐渐发芽、成长，久而久之，火山口的内壁上，终于长满了树，形成了森林。

这里的森林更加茂密，适宜小动物们生存，所以吸引了很多动物，动物又带来许多植物的种子，因此，一个生机勃勃的乐园诞生了。

莱斯沃斯岛的 "石化森林" 是什么？

在爱琴海的北岸，火山岩与碧蓝的爱琴海汇合在一起，重重海浪缓慢剥露出远古植物的石化残留物——大量直立的和倒下的树干，最大的树干长达22米，直径达3米。它们曾经是在远古时期生长的茂盛森林，但是由于地质的变化被石化，而莱斯沃斯岛的石化森林却为它们提供了再次与世界见面的机会。除石化树干外，我们还可以看到保存完好的石化树根、果实、树叶和树种。

希腊政府意识到这些石化树木的重要性，于是宣布该石化森林为 "自然保护纪念碑"，并建立了莱斯沃斯石化森林世界地质公园。

为什么济南叫"泉城"？

泉是济南的生命和灵魂。自古以来，济南就以泉水而闻名，是世界上泉水最多的城市，其中有名字的至少有72个，没名字的也有上百个。有人说在古代时，掀开一块石头就会冒出泉水来，所以济南便得了"泉城"的美名。

据统计，济南有四大泉域、十大泉群、733个天然泉，在水多的季节，这里几乎是"家家泉水、户户垂柳"，真可谓是举世无双啦！济南的泉除了数量多外，它的形状也是各异的，像是人工制成的一样，精彩纷呈。同时，济南的城市发展、历史沿革、民风民俗也与泉水密切相关，形成了独特的泉水文化。

为什么重庆叫"山城"？

到了重庆，你会发现四处都是山。重庆是一座依山而建的城市，城市中心也都是重重叠叠的石级，你可以从几十层的高楼中部直接下到地面，那是因为这里有天桥可以让你直接到达半山腰。

"山高路不平，好个重庆城"是对重庆的最好概括，也因重庆有着许多爬不完的坡坡坎坎，因此得了个"山城"的形象名字。

为什么武汉叫「江城」？

武汉得"江城"这个名字的历史已经有1200多年啦，这个名字还与"诗仙"李白有着很大关联呢！

李白有一首七言绝句："一为迁客去长沙，西望长安不见家。黄鹤楼中吹玉笛，江城五月落梅花。"诗中的"江城五月落梅花"中的"江城"就是武汉，也是武汉第一次被称为江城。长江从武汉穿过，当初李白在黄鹤楼上看到长江滚滚东去的情景才会诗兴大发，这可能就是他将武汉称为江城的主要原因吧！

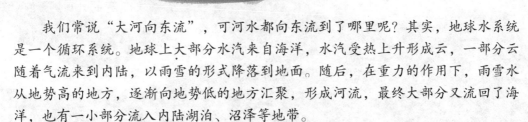

河里的水都流到哪里去了？

我们常说"大河向东流"，可河水都向东流到了哪里呢？其实，地球水系统是一个循环系统。地球上大部分水汽来自海洋，水汽受热上升形成云，一部分云随着气流来到内陆，以雨雪的形式降落到地面。随后，在重力的作用下，雨雪水从地势高的地方，逐渐向地势低的地方汇聚，形成河流，最终大部分又流回了海洋，也有一小部分流入内陆湖泊、沼泽等地带。

我国整体地势西高东低，大部分河流自西向东流淌，注入太平洋。但也有一些河流不同，比如：额尔齐斯河在我国境内自东向西流淌，最终向北注入北冰洋，怒江和澜沧江自北向南流淌，分别注入印度洋和太平洋；我国最大的内陆河塔里木河则流入台特马湖。

河流中为什么会有漩涡？

河流中的小漩涡，其实是河水在流淌过程中，很急的水流遇到一些障碍物时因为惯性而回弹造成的。水流无法前进，只能被迫后退，而后面的水流紧跟着再向前猛冲，其中夹带着那些被迫折回的水一起又被撞了回来，来来回回几次，它们只能原地打转，最终形成了漩涡。

如果你留心观察会发现，有些漩涡出现在桥梁的桥桩以及冒出水面的礁石旁边；有些漩涡出现在转弯处，其实道理是一样的。我们去游泳时，尽量不要选择自然水域，这些水域深浅不一，水下环境复杂，很容易产生漩涡。这些漩涡的力量是很大的，它有可能把人卷到水底去，是十分危险的哦。

为什么河流是弯弯曲曲的？

河流之所以是弯曲的，主要是河水在冲刷两岸时的水流速度不同造成的。在河水的冲刷下，河岸会随之改变形状，有的地方冲塌了、有的地方堵塞了，或者河流中心由于岩石的拦截改流向了，所以两岸河流的速度也就变得不一样了。河水流速大的一边，河岸受到的冲击力也大。加上两岸土层结构不尽相同，有的比较松软、有的比较坚硬。天长日久，松软的一边坍塌，使河流自然变得弯弯曲曲啦！

河道一旦弯曲以后，就会继续发展，水流方向直冲凹岸，而凸岸的地方水流速度较慢。这样，河岸在水流的长期作用下，凹岸会变得越来越凹，凸岸会变得越来越凸。所以河流都是弯弯曲曲的。

河水为什么有甜有酸？

杯子中的水怎样才会有不同的味道呢？如果想要喝甜的就要加糖，如果想要喝咸的就要加盐，水中加入的东西不同，就会有不同的味道。同样的道理，河水的甜酸程度不同，也是由于水内所含物质不同啦！

在希腊半岛北部的奥尔马加河，水的甜度很高，人们把它叫作"甜河"。据地质学家考证，那是因为河水在流淌过程中，河床的土层中含有大量的原糖结晶体，这些晶体溶化在水里而形成了甜水。与其相反，在哥伦比亚的东部普莱斯火山地区，有一条雷欧维拉河，河水里含有不同浓度的硫酸和盐酸，成了名副其实的"酸河"。河水中含有大量有害物质，就像我们稀释后的硫酸水或者盐酸水一样。

智慧大本营

酸河的水并不是我们喝的酸奶的那种酸，其中所含的硫酸和盐酸都有腐蚀性，硫酸甚至可以和铁反应呢，更别说是滴在皮肤上了。所以酸河中的水对人或者动物都是很危险的。

尼罗河为什么会变颜色?

尼罗河之所以会变色,这要问一问它的主要支流青尼罗河了。

青尼罗河发源于埃塞俄比亚高原上的塔纳湖,上游处于热带山地多雨区,水源十分丰富。但是,这里的降水却有着明显的季节变化,所以青尼罗河的水量也有明显变化。每年春季水量很少,到了6月份雨季,河水猛烈上涨,到了9月份达到高峰。当每年6~9月份,青尼罗河的水大量注入主流尼罗河时,会夹杂着从上游带来的大量腐草,水中的藻类也在这个时期大量繁衍,把河水染成绿色。这就是尼罗水河变色的秘密啦!

为什么湖水有的咸,有的淡呢?

有人认为,陆地上有些湖泊原本是海洋,由于地壳的运动,有些陆地下沉,海洋升起,海洋升起的陆地中如果有凹陷的地方,当然装的就是咸的海水啦,自然就是咸水湖。其实这种说法并不确切。

淡水湖是在陆地低洼的地方,由雨水或者冰雪融化后积成的。而咸水湖多半都会有河水注入,河水流动的过程中就会把沿途土壤或者岩石中的盐分溶解,使得它变"咸"。假如有些湖泊排水非常不便,而且气候干燥,蒸发消耗了很多水分,盐分便会越积越多,湖水就会越来越咸,成为咸水湖。但如果湖水还有出口将河水流出的话,盐分也会跟着流出去,很难集中在湖水中,便是淡水湖了。

长白山天池是怎样形成的？

你知道吗，长白山上迷人的天池实际上是一个火山口哟！在远古时代，长白山就是一座火山，16世纪以来它一共爆发过3次。当时，火山爆发喷射出大量熔岩，火山口就凹陷下去，形成了一个盆的形状，久而久之，"盆"中积满了水，形成了一个湖，这就是长白山的天池。

长白山天池是我国最高的火山口湖，它也是我国最深的湖泊，总的蓄水量可以达到20亿立方米呢！而且长白山的天池风景优美，是传说中神仙居住的地方哟！

为什么死海淹不死人呢？

死海的面积并不大，也不算深，这里的海水又苦又涩，绝大多数生物都不能生存，所以人们才叫它"死海"。但是，人或者小动物掉到死海中，海水却能把他们托在海面，十分神奇。

一个物体在水中是沉还是浮主要取决于物体密度与水密度，如果物体的密度大于水的密度就会下沉，可当物体的密度小于水的密度时自然就会浮在水面上。我们人体的密度当然比水的密度大，虽然海水有一定的浮力，但要想把人托起来还是很难的。但死海的水却不一样，它表层水含的盐分特别多，这种水的密度大大超过了人体的密度，超高的盐分带来了超强的浮力，所以人在死海里根本不会下沉，即使你想往水下钻，死海的水也会把你托起来。

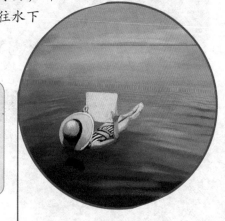

智慧大本营 🌲

一个物体无论是浸在液体还是气体里，都会受到液体或气体向上托的力，这个力就是浮力。轮船漂在海面上，人漂在死海的水面上，都是浮力在起作用。

死海里真的没有生命存在吗?

死海的含盐量极高,越是到湖底盐分也就越高,因为在湖底的深水中沉淀着很多饱和状态的氯化钠化石,而且湖里蕴藏着丰富的溴、碘、氯等化学元素,在这样的环境里,生物是很难生存的。所以死海中既没有水草,也没有鱼,连湖的四周也是寸草不生,一片荒凉。

但是最近科学家发现,死海也不是完全"死"的,有一些绿藻和细菌生活在这里。有一种叫作"盒状嗜盐细菌"的微生物,它们具有防盐侵害的独特蛋白质。

20世纪80年代初,死海中正迅速繁衍着一种红色的小生命——"盐菌",它们的数量十分惊人,大约每立方厘米海水中含有2000亿个盐菌,这使得死海都变成红色了。

另外,人们还发现死海中有一种单细胞藻类植物。看来,死海也是一个生机勃勃的世界。

智慧大本营

死海之所以含有这么高的盐分,是因为它周围几乎都是高达几百米的悬崖绝壁,附近都是荒漠、砂岩和石灰岩层。约旦河和哈萨河等几条河流经过这些地区,把这些地区的盐分直接带入死海中,但死海却没有河流把它排出去,于是盐分积累得越来越多。

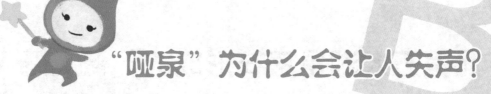

"哑泉"为什么会让人失声？

泉水一般都是清澈、凉爽、甘甜的。可是，有这样一种稀有的矿化泉，泉水中有含量很高的铜盐，刚开始喝时很甜，但喝多了就会中毒，轻则影响声带发声，严重的话可能失声，人们称它为"哑泉"。

哑泉之所以会导致人失声，其实是因为泉水中的铜盐。但铜是不会溶在水中的，为什么它会跑到泉水中呢？美国科学家在用硫酸铜溶液做试验时，发现了溶液中居然有好几种微生物，这些微生物能够氧化、分解矿石，最终将矿石转化为溶于水的硫酸铜，硫酸铜会刺激人的声带导致失声。我们便终于揭开哑泉的秘密啦！

传说"药泉"曾经救了一位猎人，他累得筋疲力尽时喝了泉水后觉得神清气爽、精力旺盛，于是"药泉"的名字由此得来，泉水为什么会有这么神奇的效果呢？

泉水是地下水流出地面形成的，而这些地下水大部分也是由地面水渗入的。水流在下渗和在地下流动的过程中，要经过不同的岩层，因此水中便溶解了不同的矿物质。地下水流经的路线不一样，流程长短不一样，碰到的岩石

"药泉"为什么能治病？

不一样，水中溶解的矿物质也就不同。当它们经过岩层裂隙涌出地面之后，就成为含有各种不同矿物质成分的泉了。

如果泉水中含有对某种疾病有治疗作用的矿物质的话，那么这个泉水自然就能治病啦。

北美五大湖是怎样形成的？

北美五大湖最初形成是在大约100万年前的冰川活动时期，它们从西向东依次为苏必利尔湖、密歇根湖、休伦湖、伊利湖和安大略湖。

在第四纪冰川活动时期，五大湖地区接近拉布拉多和基瓦丁大陆冰川中心，冰盖厚2400米，其侵蚀力极强，原本在低洼谷地的软弱岩层逐渐受到冰川的刨蚀，扩大而成为今天我们看到的湖盆。当冰川退了后，冰水自然就会流入低洼的地带，五大湖区的湖盆便注满了水，最终形成了现在我们看到的五大湖。

地球诞生后，有一段时间气候非常寒冷，世界各地都被厚厚的冰川覆盖着，人们把地球的这一段时期称为冰川期，也就是常说的冰河时代。历史上地球的冰川期大约发生于20亿年前，先后经历了6次，每次持续大约5000万年，中间间隔大约1.5亿年的时间！

为什么会有倒着淌的河？

我国的河水大多是自西向东流淌的，但是青海湖的一支小支流，却要反着流，人们称它为"倒淌河"，它全长40多千米，自东向西流入青海湖。传说龙王的小女儿造西海时少一条河，便从日月山上倒着牵来一条，也有人说它是龙王的龙须变的。当然，这只是传说，那么倒淌河倒着流的原因究竟是什么呢？

其实，倒淌河原本也是自西向东流的，它与布哈河、罗汉堂河一起注入黄河，但是，由于地壳的变动，日月山被托起来，阻挡了倒淌河向东的路，所以它不得不回头自东向西流入青海湖啦！看来，倒淌河也是迫不得已的呀！

敦煌月牙泉为什么永不干涸?

在我国的甘肃敦煌有座鸣沙山,这里本是一片沙漠地带,却有一泉湖落在了这里,它形状很像月牙,人们称它为"月牙泉"。鸣沙山地区十分干旱,但月牙泉的水却十分清澈,大西北的风天极多,可它却好端端地站在那里,不会被埋没,也永不干涸。

那是因为在鸣沙山的前、后山谷中藏着一些泉水,这些泉水靠山势自西向东慢慢地渗流而下,形成了沙漠中的月牙形洼地,积水成湖。湖中有着许多泉水流入,所以虽然身处沙漠之中,周围一片干沙,它却永不干涸。而且这里常刮东风或者西风,因为鸣沙山走向的原因,山上的沙子只是沿着山脊和坡面向上爬行,哪怕风力再强大,沙子也不会被刮到湖水中呢!

月牙泉

蝴蝶泉为什么彩蝶云集?

云南大理蝴蝶泉边彩蝶翩翩的美丽景象与这一带的环境有关，因为彩蝶们都喜欢这里的山水，所以才会聚集而来，那蝴蝶泉的环境究竟好在哪里呢?

蝴蝶泉西靠苍山、东临洱海。苍山巍峨挺拔、耸立如屏，山顶积雪，即使到了夏季山顶仍有晶莹剔透的白雪，所以这里的云雨也特别丰富，植物大量繁殖。洱海总面积约240平方千米，终年风光绮丽、鲜花常开不断，所以人们称这里的美景为"银苍玉洱"。

如此好的环境得到了蝴蝶等昆虫的喜爱，它们在这里繁殖和生长，所以才会出现彩蝶云集的奇景。不过，蝴蝶泉边不是任何时间都有蝴蝶翩飞的，除了每年4月的几天外，其他时间是看不到这种奇景的哦！而且近年环境污染严重，人为破坏也很大，蝴蝶逐年减少，似乎都不太喜欢这里了呢！